दुष्ट आत्माओं को कैसे निकाला जाए

UDDHAR, ADHIKAR, AUR VIJAYI KALISIYA PAR 100 DURLABH AUR SHAKTISHAALI PRASHN AUR UTTAR

डॉ. अरविंद इफ्राइम

Made with ♥ on the Notion Press Platform
www.notionpress.com

क्रम-सूची

परिचय

हर पीढ़ी अंधकार का सामना करती है—पर हर पीढ़ी उसका सामना करने के लिए खड़ी नहीं होती।

हम दबाव और उत्पीड़न को समझाने में तो माहिर हो गए हैं, पर अधिकार का उपयोग करने में अनजान हैं।

लेकिन यीशु ने अपनी कलीसिया को कभी यह नहीं कहा कि वे दुष्ट आत्माओं का विश्लेषण करें; उन्होंने हमें उन्हें निकालने का आदेश दिया।

(मरकुस 16:17 NKJV) "और ये चिन्ह उनके साथ होंगे जो विश्वास करते हैं: मेरे नाम से वे दुष्टात्माओं को निकालेंगे।"

उद्धार (डिलिवरेंस) कोई कुछ लोगों की सेवा नहीं है—यह हर विश्वास करने वाले का जन्मसिद्ध अधिकार है।

जब यीशु स्वर्ग पर चढ़े, तो उन्होंने कोई निर्बल धर्म नहीं छोड़ा; उन्होंने अपना अधिकार सौंपा।

वही आत्मा जिसने मसीह को मरे हुओं में से जिलाया, अब हम में वास करती है—ताकि हम बुराई से केवल बचें नहीं, बल्कि उसे अधीन करें।

बहुत समय से कलीसिया ने जो आत्मिक है उसे "मनोवैज्ञानिक" कहा है, और जो युद्ध है उसे "व्यक्तिगत" कहा है।

फिर भी पवित्रशास्त्र प्रकट करता है कि बहुत सी दिखाई देने वाली समस्याओं के पीछे अदृश्य शत्रु होते हैं।

जब तक उत्पीड़क को बाहर नहीं निकाला जाता, तब तक चंगाई अधूरी रहती है।

यह पुस्तक जिज्ञासा के लिए नहीं, बल्कि नियुक्ति के लिए लिखी गई है।

यह उन लोगों के लिए एक मार्गदर्शिका है जो विश्वास करते हैं कि महान आदेश (Great Commission) में सामना करना भी शामिल है।

यहाँ आपको सनसनीखेज कहानियाँ नहीं मिलेंगी—बल्कि पवित्र सत्य मिलेगा, जो वचन से लिया गया है, अनुभव से पुष्टि किया गया है, और

प्रकाशन से भरा हुआ है।
हर प्रश्न इस प्रकार बनाया गया है कि वह आपके विचारों को जगाए, आपके विवेक को बढ़ाए, और आपको युद्ध के लिए तैयार करे।
आप सीखेंगे कि दुष्ट आत्माएँ कैसे काम करती हैं, वे यीशु के नाम से क्यों डरती हैं, और अधिकार कैसे पवित्रता, नम्रता और प्रेम के द्वारा कार्य करता है।

उद्धार दुष्ट आत्माओं के पीछे भागना नहीं है—यह परमेश्वर की उपस्थिति को धारण करना है।
जब प्रकाश कमरे को भर देता है, तो अंधकार के पास कोई तर्क नहीं रहता।
जब वचन बोला जाता है, तो धोखा अपनी आवाज खो देता है।
जब विश्वास करने वाला अपनी पहचान में खड़ा होता है, तो शत्रु अपना प्रभाव खो देता है।
अधिकार आवाज के स्वर में नहीं होता; यह एक स्थिति है—जो राजा के साथ संबंध से जन्म लेती है।

मैंने देखा है कि क्या होता है जब कलीसिया याद करती है कि वह कौन है।
मैंने देखा है कि धीमी प्रार्थनाओं से जंजीरें टूटती हैं, आराधना से दुष्ट आत्माएँ भागती हैं, और आत्माएँ वर्षों के बंधन से निकलकर शांति में आ जाती हैं।
यह कोई कल्पना नहीं है; यह सामान्य मसीही जीवन है।
मेरी प्रार्थना है कि जब आप इसे पढ़ें, तो पवित्र आत्मा आपके भीतर उस बात को जागृत करे जिसे धर्म ने दबा दिया है—यह समझ कि मसीह जो आप में है, वह निष्क्रिय शक्ति नहीं, बल्कि सक्रिय विजय है।

ये 100 प्रश्न और उत्तर आपकी आँखें खोलें, आपके विवेक को मजबूत करें, और आपको इस समय के लिए तैयार करें जिसमें हम जी रहे हैं।
क्योंकि हमें अंधकार से डरने के लिए नहीं, बल्कि उसे प्रकट करने के लिए बुलाया गया है।
वही यीशु जिसने दुष्ट आत्माओं को जाने का आदेश दिया, अब अपनी

कलीसिया को खड़े होने का आदेश देता है।
विजय हमारे आगे नहीं है—वह हमारे भीतर है, जिसे लागू किया जाना है।

प्रकाश के युद्धक्षेत्र में आपका स्वागत है।
मसीह में आपके अधिकार में आपका स्वागत है।

— डॉ. अरविंद एप्रैम

1

वास्तव में दुष्ट आत्माएँ क्या हैं?

प्रश्न 1: क्या दुष्ट आत्माएँ गिरे हुए स्वर्गदूत हैं या दुष्ट मृतकों की देह-रहित आत्माएँ?

जब हम दुष्ट आत्माओं की बात करते हैं, तो अक्सर मान लेते हैं कि वे बस गिरे हुए स्वर्गदूत हैं—लेकिन पवित्रशास्त्र एक गहरी तस्वीर दिखाता है।

बाइबल कहीं भी सीधे यह नहीं कहती कि दुष्ट आत्माएँ गिरे हुए स्वर्गदूत हैं। यह कहती है कि शैतान अपने स्वर्गदूतों के साथ नीचे गिराया गया (प्रकाशितवाक्य 12:9 NKJV), फिर भी सुसमाचारों में दुष्ट आत्माओं का व्यवहार कुछ और दिखाता है—वे पृथ्वी से जुड़ी हुई हैं और शरीर पाने की इच्छा रखती हैं।

स्वर्गदूत, चाहे गिरे हुए हों या पवित्र, अधिकार के साथ प्रकट होते हैं; लेकिन दुष्ट आत्माएँ सूअरों में जाने की अनुमति माँगती हैं (मरकुस 5:12)। यह स्वर्गदूतों जैसा व्यवहार नहीं है—यह देह-रहित आत्मा की बेबसी है जो शरीर चाहती है।

उत्पत्ति 6:1-4 में हम पढ़ते हैं कि परमेश्वर के पुत्रों ने मनुष्यों की बेटियों से विवाह किया और उनसे नफीलीम उत्पन्न हुए—विशालकाय जो जलप्रलय में नष्ट हो गए।
प्राचीन इब्रानी समझ, और कुछ यहूदी लेखों जैसे हनोक की पुस्तक के अनुसार, उन मिश्रित प्राणियों की आत्माएँ पृथ्वी पर भटकती रहीं—न स्वर्ग के योग्य, न नरक के।
इन्हें कुछ परंपराओं में "अशुद्ध आत्माएँ" कहा गया।
हालाँकि हमें पवित्रशास्त्र के बाहर सिद्धांत नहीं बनाना चाहिए, यह दृष्टिकोण यीशु के शब्दों से मेल खाता है:
"जब कोई अशुद्ध आत्मा मनुष्य में से निकलती है, तो वह सूखे स्थानों में विश्राम ढूँढ़ती फिरती है, और उसे नहीं पाती" (मत्ती 12:43)।
वे शरीर इसलिए चाहती हैं क्योंकि उनके पास पहले शरीर था।

दुष्ट आत्माएँ केवल बुरी ऊर्जा नहीं हैं; वे व्यक्तित्व रखती हैं, बुद्धिमान और भावनात्मक होती हैं।
वे बोलती हैं, तर्क करती हैं, विनती करती हैं, और अपना नाम भी बताती हैं ("मेरा नाम सेना है, क्योंकि हम बहुत हैं," मरकुस 5:9)।
वे प्राचीन हैं, मानव की कमजोरियों को जानती हैं, और मनुष्य में परमेश्वर की छवि को बिगाड़ने का उद्देश्य रखती हैं।
वे उस अधिकार से डरती हैं जिसने पहले उनके जैसे लोगों का न्याय किया था, और अपने अंत को जानकर काँपती हैं (याकूब 2:19)।

यदि दुष्ट आत्माएँ गिरे हुए स्वर्गदूत होतीं, तो वे स्वर्गीय स्थानों से कार्य करतीं; लेकिन इफिसियों 6:12 "आकाशीय स्थानों की प्रधानताओं और अधिकारों" को अलग दिखाता है, और उन आत्माओं को अलग जो मनुष्यों को सताती हैं।
पहले क्षेत्र पर शासन करते हैं; दूसरे शरीर चाहते हैं।
एक वातावरण को नियंत्रित करता है; दूसरा शरीर में प्रवेश करता है।
यह अंतर शैतान के राज्य में अलग-अलग स्तरों को दिखाता है।

तो दुष्ट आत्माएँ क्या हैं?
वे भटकने वाली आत्माएँ हैं, जिन्होंने अपना स्थान खो दिया है और मनुष्य के माध्यम से विद्रोह व्यक्त करना चाहती हैं।

वे आत्मा में घुसपैठ करने वाले हैं, मंदिर में घुसने वाले हैं, और उद्देश्य को नष्ट करने वाले हैं।
पर अच्छी खबर यह है: जिस यीशु ने उन्हें एक शब्द से निकाला, उसी ने तुम्हें भी वही अधिकार दिया है।
उनकी पहचान पुरानी है—पर उनकी हार सदा के लिए तय है।

प्रश्न 2: दुष्ट आत्माएँ मानव शरीर क्यों चाहती हैं?

मानव शरीर केवल शरीर नहीं है; यह पृथ्वी पर कानूनी अधिकार का स्थान है।
परमेश्वर ने पृथ्वी पर अधिकार मनुष्य को दिया (उत्पत्ति 1:26), और यह अधिकार शरीर के माध्यम से कार्य करता है।
दुष्ट आत्माएँ, जो देह-रहित हैं, इस संसार में अपने आप कुछ नहीं कर सकतीं।
उन्हें शरीर चाहिए—प्रभाव डालने के लिए, कार्य करने के लिए, बोलने के लिए—अर्थात शरीर के माध्यम से विद्रोह दिखाने के लिए।

जब वे किसी व्यक्ति में प्रवेश करती हैं, तो वे उस व्यक्ति के अधिकार का गलत उपयोग करती हैं।
इसीलिए यीशु उन्हें “अशुद्ध आत्माएँ” कहते हैं—वे उस स्थान को अपवित्र करती हैं जो पवित्र होना चाहिए था।

जब दुष्ट आत्मा किसी में रहती है, तो उसे इंद्रियों, बोलने और प्रभाव डालने की पहुँच मिलती है।
उसके माध्यम से वह परिवारों, समाज और राष्ट्रों में अव्यवस्था फैला सकती है।
मरकुस 5 में देखा गया व्यक्ति जिसने जंजीरें तोड़ीं और पूरे क्षेत्र को डराया—एक व्यक्ति में कई आत्माएँ थीं और वह पूरे क्षेत्र के लिए खतरा बन गया।
उनका उद्देश्य केवल उसे सताना नहीं था—बल्कि उसके द्वारा क्षेत्र पर नियंत्रण करना था।
दुष्ट आत्माएँ शरीर चाहती हैं क्योंकि शरीर उन्हें आवाज देता है।

यीशु ने इसे स्पष्ट कहा:
"जब अशुद्ध आत्मा निकलती है, तो वह सूखे स्थानों में विश्राम ढूँढ़ती है" (मत्ती 12:43)।
यहाँ विश्राम का अर्थ है—कार्य करने का अवसर।
शरीर के बिना दुष्ट आत्मा वैसी है जैसे बिना वाद्य का संगीतकार।
इसीलिए वे गहरे गड्ढे (अथाह कुंड) में भेजे जाने से डरती हैं (लूका 8:31)।

मानव शरीर परमेश्वर के आत्मा के निवास के लिए बनाया गया है। 1 कुरिन्थियों 6:19 कहता है, "तुम्हारा शरीर पवित्र आत्मा का मंदिर है।"
दुष्ट आत्माएँ उसी स्थान पर कब्जा करना चाहती हैं।
हर कब्जा परमेश्वर की योजना का विकृति है।
मनुष्य परमेश्वर के लिए बना था, न कि बुराई के लिए।
यह शरीर पर अधिकार की लड़ाई है।

लेकिन जब पवित्र आत्मा किसी विश्वास करने वाले में रहता है, तो वह स्थान सुरक्षित हो जाता है।
दुष्ट आत्माएँ बाहर से दबाव डाल सकती हैं, पर अंदर प्रवेश नहीं कर सकतीं (इफिसियों 1:13)।
वे चाहती हैं, पर उन्हें अनुमति नहीं मिलती।
वे उस शरीर से डरती हैं जो पहले से भरा हुआ है।

प्रश्न 3: क्या दुष्ट आत्माएँ आपके विचार पढ़ सकती हैं या केवल आपके शब्द?

दुष्ट आत्माएँ सब कुछ जानने वाली नहीं हैं।
केवल परमेश्वर ही मन के विचारों को जानता है (इब्रानियों 4:12)।
वे आपके विचार नहीं पढ़ सकतीं, लेकिन आपके व्यवहार को समझ सकती हैं।

वे आपके पैटर्न, डर, प्रतिक्रिया और इच्छाओं को देखकर अनुमान लगाती हैं।
इसीलिए शैतान ने यीशु को उन्हीं बातों से परीक्षा में डाला जो दिखाई दे

रही थीं—भूख, पहचान, शक्ति (मत्ती 4)।
वे बहुत पुराने हैं और अनुभव से सीख चुके हैं।

वे आपके मन के अंदर नहीं देख सकतीं, लेकिन आपको सुझाव दे सकती हैं (इफिसियों 6:16)।
युद्ध आपके विचारों के लिए नहीं, बल्कि आपके विचारों के अंदर होता है।
इसीलिए लिखा है:
"हर एक विचार को मसीह के अधीन करो" (2 कुरिन्थियों 10:5)।

जब यीशु ने पतरस से कहा, "हे शैतान, मेरे पीछे हट जा" (मत्ती 16:23), तो वह उसके विचार नहीं पढ़ रहे थे, बल्कि उस प्रभाव को पहचान रहे थे जो उसके ऊपर था।
दुष्ट आत्माएँ बोलती हैं ताकि आप उनसे सहमत हो जाएँ।
सहमति ही उनका प्रवेश द्वार है।

इसलिए अपने मन को सुरक्षित रखो।
वे अनकही आराधना को नहीं सुन सकतीं, लेकिन उसकी शक्ति को महसूस करती हैं।
सत्य से भरा मन उनके लिए एक मजबूत किला है।

प्रश्न 4: जब दुष्ट आत्माएँ निकाली जाती हैं, तो उनके साथ क्या होता है?

जब यीशु दुष्ट आत्माओं को निकालते थे, तो वे "अथाह कुंड" में भेजे जाने से डरती थीं (लूका 8:31)।
यह एक ऐसा स्थान है जहाँ कुछ आत्माएँ पहले से कैद हैं (2 पतरस 2:4), और कुछ अभी भी घूम रही हैं (मत्ती 12:43)।
निकाले जाने के बाद, यदि उन्हें बाँधा नहीं गया, तो वे सूखे स्थानों में भटकती हैं।

यीशु ने चेतावनी दी:
"मैं अपने घर में लौट जाऊँगा" (मत्ती 12:44)।
इसका अर्थ है—छुटकारा अंत नहीं, शुरुआत है।

खाली स्थान को वचन, आराधना और आज्ञाकारिता से भरना जरूरी है। वरना आत्मा वापस आ सकती है।

कुछ मामलों में, आत्माएँ सीधे गहरे गड्ढे में भेज दी जाती हैं—जैसे सूअरों में जाकर डूब गईं (मरकुस 5:13)।
प्रकाशितवाक्य 20 उनके अंतिम अंत को दिखाता है—आग की झील।
वे अपने अंत को जानती हैं, इसलिए जब उन्हें निकाला जाता है तो वे विरोध करती हैं।

छुटकारा स्थान बदलना नहीं—बल्कि बाहर निकालना है।
इसलिए यीशु ने कहा कि केवल इस बात पर खुश मत हो कि आत्माएँ तुम्हारे अधीन हैं, बल्कि इस पर खुश हो कि तुम्हारा नाम स्वर्ग में लिखा है (लूका 10:20)।
अधिकार हमेशा परमेश्वर के साथ संबंध के नीचे रहना चाहिए।

प्रश्न 5: क्या एक विश्वास करने वाला व्यक्ति "कब्जे" में आ सकता है या केवल "दबाव" में?

बाइबल "कब्जा" शब्द का उपयोग वैसे नहीं करती जैसे हम करते हैं।
यूनानी शब्द daimonizomai का अर्थ है—दुष्ट आत्मा के प्रभाव में होना, न कि उसका स्वामित्व होना।
एक विश्वास करने वाला मसीह का है (1 कुरिन्थियों 6:20)।
पवित्र आत्मा और दुष्ट आत्मा एक साथ नहीं रह सकते (2 कुरिन्थियों 6:14)।

लेकिन एक विश्वास करने वाला दबाव, उत्पीड़न या प्रभाव में आ सकता है यदि वह दरवाजे खोल दे।
दबाव बाहर से आता है और अंदर सहमति चाहता है।
यह हवा की तरह है—खिड़की को हिला सकती है, पर अंदर तभी आएगी जब रास्ता हो।

इसलिए लिखा है:
"शैतान को स्थान मत दो" (इफिसियों 4:27)।
स्थान का मतलब अवसर है।

पतरस भी एक समय शैतान के प्रभाव में बोलने लगा (मत्ती 16:23)। उसे कब्जा नहीं हुआ था—वह प्रभावित हुआ था।
यही तरीका है—प्रभाव, न कि कब्जा।

याकूब 4:7 कहता है:
"परमेश्वर के अधीन रहो, शैतान का सामना करो, और वह भाग जाएगा।"
अधीनता सुरक्षा देती है; विरोध निकालता है।

इसलिए एक सच्चा विश्वास करने वाला कब्जे में नहीं आ सकता। लेकिन यदि सावधान न रहे, तो वह दबाव और प्रभाव में आ सकता है।
उपाय डर नहीं है—भरना है।
अपने आप को वचन, आत्मा और आराधना से भर लो, और हर दबाव कमजोर हो जाएगा।

प्रश्न 6: यीशु ने दुष्ट आत्माओं को अनदेखा करने के बजाय उनसे सीधे क्यों बात की?

यीशु ने कभी दुष्ट आत्माओं का मनोरंजन नहीं किया, लेकिन उन्हें कभी अनदेखा भी नहीं किया।
उन्होंने उनसे बात की क्योंकि अधिकार को हमेशा आवाज में प्रकट होना चाहिए।
मरकुस 1:25 में यीशु ने अशुद्ध आत्मा को डाँटकर कहा, "चुप रह, और इसमें से निकल जा!" — और वह मान गई।
आत्मिक टकराव के समय चुप रहना कई बार सहमति जैसा हो जाता है।
शत्रु वहीं फलता-फूलता है जहाँ उसे कोई चुनौती नहीं मिलती।
जब यीशु बोले, तो उन्होंने स्वर्गीय व्यवस्था को वातावरण में लागू किया।
उनका हर शब्द स्वर्ग की ओर से गिरफ्तारी के आदेश जैसा था।

जब यीशु ने पूछा, "तेरा नाम क्या है?" (मरकुस 5:9), तो यह जिज्ञासा नहीं थी—यह सामना था।
इब्रानी संस्कृति में किसी का नाम जानना उसके स्वभाव को प्रकट करना

माना जाता था।

जब "लश्कर" या "सेना" नाम सामने आया, तो यीशु ने दिखाया कि एक व्यक्ति की पीड़ा के पीछे सैन्य-स्तर का आत्मिक आक्रमण था।

नाम सामने आने से उसका छिपाव टूट गया।

दुष्ट आत्माओं का संसार भ्रम में छिपता है; अधिकार उसे स्पष्टता के द्वारा उजागर करता है।

शब्द आत्मिक हथियार हैं।

सृष्टि की शुरुआत ही इन शब्दों से हुई: "तब परमेश्वर ने कहा" (उत्पत्ति 1:3)।

यीशु, जो देहधारी वचन हैं (यूहन्ना 1:14), उन्होंने अंधकार को तोड़ने के लिए शब्दों का उपयोग किया।

इसीलिए जब आप उनके अधिकार में बोलते हैं, तो वह केवल बोलना नहीं होता—वह उनकी सेवा का आगे बढ़ना होता है।

दुष्ट आत्माएँ ऊँची आवाज से नहीं, अधिकार से पहचानती हैं; भावना से नहीं, आत्मिक स्थिति से।

जिस आवाज ने कहा, "शान्त! थम जा!" (मरकुस 4:39), उसी आवाज ने कहा, "इसमें से निकल जा!" — और दोनों ही मान गए।

दुष्ट आत्माओं को अनदेखा करने से वे गायब नहीं हो जातीं; बल्कि उन्हें काम करने के लिए चुप्पी मिल जाती है।

यीशु ने उनसे बातचीत नहीं की; उन्होंने आदेश दिए।

उन्होंने छोटे, स्पष्ट और अंतिम आदेश दिए जिन पर कोई बहस नहीं थी।

छुटकारा तब होता है जब स्वर्ग का आदेश नरक के कब्जे के सामने खड़ा होता है।

पवित्र आत्मा से भरा हुआ विश्वास करने वाला आज भी यीशु के नाम में वही कार्य जारी रखता है।

इसलिए यीशु ने सीधे बात की क्योंकि प्रभुत्व को घोषणा की आवश्यकता होती है।

अधिकार कभी चुप नहीं रहता।

स्वर्ग ध्वनि के द्वारा शासन करता है, और जब धर्मी बोलते हैं, तो नरक

को झुकना पड़ता है।

प्रश्न 7: दुष्ट आत्माएँ यीशु के नाम से क्यों डरती हैं?

दुष्ट आत्माएँ केवल अक्षरों या उच्चारण से नहीं डरतीं—वे पहचान से डरती हैं।
शक्ति इस बात में नहीं है कि कोई "यीशु" नाम को सही बोलता है या नहीं, बल्कि इस बात में है कि वह नाम क्या दर्शाता है।
फिलिप्पियों 2:9–10 कहता है, "परमेश्वर ने भी उसको अति महान किया और उसे वह नाम दिया जो हर एक नाम से ऊँचा है।"
यह नाम समस्त ईश्वरीय अधिकार की कानूनी मुहर है।
जब कोई विश्वास करने वाला इसे विश्वास से बोलता है, तो यह उस क्रूस की विजय को गूँजा देता है जिसने हर दुष्ट प्रधानता और अधिकार को नंगा कर दिया (कुलुस्सियों 2:15)।

जब कोई विश्वास करने वाला कहता है, "यीशु के नाम में," तो दुष्ट आत्माओं को कलवरी का वह न्यायालय याद आता है जहाँ उनका अधिकार रद्द कर दिया गया था।
यीशु का नाम कोई ताबीज नहीं है—यह एक फैसला है।
प्रेरितों के काम 19:13–16 में सकुवा के पुत्रों ने बिना संबंध के इस नाम का उपयोग करना चाहा, और दुष्ट आत्मा ने उत्तर दिया, "यीशु को मैं जानता हूँ, और पौलुस को भी पहचानता हूँ; पर तुम कौन हो?"
अधिकार तभी कार्य करता है जब पहचान उसके पीछे खड़ी हो।
यह नाम उसी के मुँह में शक्ति रखता है जो उसके प्रभुत्व के अधीन है।

आत्मिक जगत में नाम केवल लेबल नहीं होते—वे कानूनी पहचान होते हैं।
हर घुटना उस नाम के सामने झुकता है क्योंकि हर आत्मा उसके पीछे के लहू को पहचानती है।
लहू और नाम अलग नहीं हैं—एक विजय की घोषणा करता है, दूसरा उसे लागू करता है।
इसीलिए दुष्ट आत्माएँ चिल्लाईं, "क्या तू समय से पहले हमें पीड़ा देने

आया है?” (मत्ती 8:29)।
उस नाम ने उन्हें उनके शाश्वत दंड की याद दिलाई।

हर विश्वास करने वाले को यह कानूनी अधिकार दिया गया है। यीशु ने कहा, “मेरे नाम से वे दुष्टात्माओं को निकालेंगे” (मरकुस 16:17)।
इसका अर्थ है कि हम दुष्ट आत्माओं से प्रार्थना नहीं करते—हम उन्हें उनके नाम में आदेश देते हैं।
जब आप उस नाम का उपयोग करते हैं, तो आप स्वर्गीय न्यायालयों से समर्थित निष्कासन का आदेश सुना रहे होते हैं।

इसलिए दुष्ट आत्माएँ यीशु के नाम से डरती हैं क्योंकि वह उनके हार की ध्वनि है, उनकी हानि की याद है, और उनके अंतिम न्याय की मुहर है।
हर बार जब आप यह नाम बोलते हैं, तो आप शक्ति माँग नहीं रहे होते—आप पहले से पूरी हुई विजय को लागू कर रहे होते हैं।

प्रश्न 8: जब दुष्ट आत्माएँ पवित्र आत्मा से भरे हुए विश्वास करने वाले को देखती हैं, तो वे क्या देखती हैं?

प्राकृतिक दृष्टि से वे शरीर देखती हैं।
लेकिन आत्मिक जगत में वे ज्योति देखती हैं—एक ऐसी ज्योति जो उनके लिए भयावह होती है।
जब दुष्ट आत्माओं ने यीशु को देखा, तो उनके कुछ बोलने से पहले ही वे चिल्लाईं: “हे नासरी यीशु, तुझ से हमें क्या काम? क्या तू हमें नाश करने आया है?” (मरकुस 1:24)।
उन्होंने मनुष्य से पहले महिमा को देखा।
उसी तरह, जब कोई विश्वास करने वाला पवित्र आत्मा से भरा होता है, तो दुष्ट आत्माएँ उस व्यक्ति को नहीं, बल्कि उसके भीतर की उपस्थिति को पहचानती हैं।

दुष्ट आत्माएँ आत्मिक जगत में देखकर काम करती हैं।
वे महिमा के द्वारा अधिकार को पहचानती हैं।

प्रेरितों के काम 19:15 में उन्होंने नकली लोगों से कहा, "यीशु को मैं जानता हूँ, और पौलुस को भी..."
उन्होंने पौलुस को कैसे पहचाना?
उन्होंने वही ज्योति पहचानी जो उन्होंने यीशु में देखी थी।
परमेश्वर की उपस्थिति की यह चमक यह दिखाती है कि व्यक्ति किसका है।
अभिषेक आपकी आत्मिक पहचान बन जाता है।
दुष्ट आत्माएँ धर्म का अभिनय तो कर सकती हैं, लेकिन उस चमक की नकल नहीं कर सकतीं।

इफिसियों 1:13 कहता है कि विश्वास करने वाले "प्रतिज्ञा के पवित्र आत्मा से मुहर किए गए हैं।"
यह मुहर अदृश्य जगत को दिखाई देती है।
जब आप पवित्रता में चलते हैं, तो वह मुहर और चमकती है; जब आप समझौता करते हैं, तो वह मंद पड़ती लगती है—इसलिए नहीं कि परमेश्वर आपको छोड़ देता है, बल्कि इसलिए कि आपका साहस कम हो जाता है।
पवित्रता के बिना अधिकार ऐसा है जैसे प्रकाश के बिना आवाज।
दुष्ट आत्माएँ पदवी से नहीं डरतीं; वे ज्योति से डरती हैं।

शैतान का राज्य अंधकार में काम करता है।
हर पवित्र आत्मा से भरा विश्वास करने वाला, जो प्रकाशन में चलता है, एक चलती हुई मशाल बन जाता है।
इसीलिए कई बार आपको असामान्य विरोध का सामना करना पड़ता है—जितनी तेज रोशनी होती है, उतना ही अंधकार उसके विरुद्ध सक्रिय होता है।
लेकिन याद रखिए, अंधकार उस ज्योति को समझ नहीं सकता (यूहन्ना 1:5)।

इसलिए जब दुष्ट आत्माएँ आपको देखती हैं, तो वे शरीर में बसे हुए परमेश्वर के आत्मा को देखती हैं।
वे वही आग देखती हैं जिसने उन्हें स्वर्ग से गिराया था।
हो सकता है आपको दर्पण में आप छोटे लगें, लेकिन आत्मिक जगत में

आप ज्योतिर्मय, खतरनाक और छुए न जा सकने वाले चिन्हित व्यक्ति हैं।

प्रश्न 9: क्या दुष्ट आत्माएँ वस्तुओं, स्थानों या पशुओं में भी रह सकती हैं?

हाँ, आत्मिक जगत भौतिक चीज़ों के साथ संपर्क रखता है।
दुष्ट आत्माएँ क्षेत्रीय भी होती हैं और एक स्थान या वस्तु से दूसरे में भी जा सकती हैं।
मरकुस 5:12 में लश्कर ने विनती की, "हमें सूअरों में भेज दे कि हम उनमें प्रवेश करें।"
यह एक ही पद दिखाता है कि दुष्ट आत्माएँ पशुओं में प्रवेश कर सकती हैं।
सूअर ही क्यों?
क्योंकि मूसा की व्यवस्था के अनुसार वे अशुद्ध माने जाते थे—अशुद्ध आत्माओं के लिए उपयुक्त स्थान।
फिर वे सूअर तुरंत डूब गए, जिससे यह भी पता चलता है कि पशु भी लंबे समय तक दुष्ट आत्मिक उपस्थिति को सहन नहीं कर सकते।

वस्तुएँ भी प्रभाव को धारण कर सकती हैं, खासकर जब उन्हें टोना-टोटका, मूर्तिपूजा या गुप्त विद्या के लिए समर्पित किया गया हो।
प्रेरितों के काम 19:19 में नए विश्वास करने वालों ने जादू की पुस्तकें जला दीं जिनकी कीमत बहुत अधिक थी।
उन्हें क्यों जलाया गया?
क्योंकि बुराई उस चीज़ से जुड़ जाती है जिसे उसके लिए समर्पित किया गया हो।
जो वस्तुएँ मूर्तिपूजा या जादू-टोने में उपयोग होती हैं, वे कई बार प्रभाव का माध्यम बन जाती हैं।
यहोशू 7:11 दिखाता है कि यरीहो से चुराया गया एक वस्त्र भी इस्राएल के लिए हार का कारण बना।
पाप वस्तुओं को अंधकार के लिए समर्पित कर देता है; पवित्रता उन्हें

प्रकाश के लिए समर्पित करती है।

स्थान भी प्रभावित हो सकते हैं।

जब यीशु ने अशुद्ध आत्मा के "सूखे स्थानों" में भटकने की बात कही, तो उसमें यह संकेत था कि कुछ क्षेत्रों में विशेष आत्मिक गतिविधि रहती है (मत्ती 12:43)।

इसीलिए पवित्रशास्त्र कुछ स्थानों को "गढ़" या "strongholds" की तरह दिखाता है।

इफिसुस, कुरिन्थुस और बाबुल जैसे नगर केवल भौगोलिक स्थान नहीं थे—वे आत्मिक प्रभाव के केंद्र भी थे जो संस्कृतियों को प्रभावित करते थे।

लेकिन विश्वास करने वाले के पास शुद्ध करने और वापस लेने का अधिकार है।

जब पौलुस के रूमालों के द्वारा रोगी चंगे हुए (प्रेरितों के काम 19:12), तो इससे यह भी सिद्ध हुआ कि भौतिक वस्तुएँ अभिषेक को भी धारण कर सकती हैं।

मुद्दा वस्तु नहीं है—मुद्दा यह है कि वह किसके अधीन है।

जो कुछ परमेश्वर को समर्पित होता है, वह महिमा का माध्यम बनता है; और जो अंधकार को समर्पित होता है, वह उत्पीड़न का साधन बन जाता है।

इसलिए हाँ, दुष्ट आत्माएँ स्थानों या वस्तुओं से जुड़ सकती हैं, लेकिन उनका प्रभाव यीशु के लहू और नाम के सामने कुछ नहीं है।

एक विश्वास करने वाले के रूप में आपका अधिकार क्षेत्र को वापस लेने, घरों को शुद्ध करने और अपनी जिम्मेदारी के अधीन हर चीज़ को पवित्र करने में समर्थ है।

जब स्वामित्व बदलता है, तो वातावरण भी बदल जाता है।

प्रश्न 10: अंधकार को पृथ्वी पर काम करने के लिए मनुष्य के सहयोग की आवश्यकता क्यों होती है?

क्योंकि पृथ्वी का अधिकार मनुष्य को दिया गया था।
उत्पत्ति 1:26 में परमेश्वर ने कहा, "वे पृथ्वी पर अधिकार करें।"
ध्यान दीजिए, उन्होंने यह नहीं कहा, "हम अधिकार करें।"
उन्होंने यह अधिकार मनुष्य को सौंपा।
इसीलिए शैतान भी मनुष्य की सहमति के बिना इस पृथ्वी पर कानूनी रूप से काम नहीं कर सकता।
उसे एक मुँह, एक मन और एक मानव जीवन चाहिए जिसके माध्यम से वह अपने विद्रोह को व्यक्त कर सके।
इसीलिए वह सर्प में गया, हव्वा को प्रभावित किया, और बाद में यहूदा में भी प्रवेश किया (लूका 22:3)।
वह सृजन नहीं कर सकता—वह केवल सहयोग को बिगाड़ सकता है।

पृथ्वी को इस प्रकार बनाया गया कि वह मनुष्य के शब्दों और चुनावों का उत्तर दे।
नीतिवचन 18:21 कहता है, "जीवन और मृत्यु जीभ के वश में हैं।"
जब मनुष्य भय, क्रोध या अविश्वास बोलता है, तो वह ऐसा वातावरण बनाता है जिसमें दुष्ट आत्माएँ फलती-फूलती हैं।
इसीलिए कड़वाहट और क्षमा न करना दरवाजे खोलते हैं—वे आपके मुँह को नरक की योजना के साथ मिला देते हैं।
सहमति प्रवेश की अनुमति दे देती है।

शैतान का लक्ष्य है साझेदारी, जो परीक्षा के रूप में छिपी होती है।
उसे यह ज़रूरी नहीं कि आप खुलकर उसकी पूजा करें; उसे यह चाहिए कि आप चुपचाप उसकी बात मान लें।
हव्वा ने विद्रोह की योजना नहीं बनाई थी—उसने केवल एक प्रश्न से सहमति की।
हर दुष्ट आत्मिक घुसपैठ का आरंभ टकराव से नहीं, बल्कि सहयोग से होता है।

इसीलिए यीशु मनुष्य बनकर आए।
परमेश्वर को मानवता के द्वारा वही वापस लेना था जो मानवता ने खोया था।
मसीह, जो दूसरा आदम है, उसके द्वारा अधिकार विश्वास करने वाले

को फिर से दिया गया।

जब आप कहते हैं, "यीशु के नाम में," तो आप स्वर्ग से विनती नहीं कर रहे होते—आप मनुष्य के छुड़ाए गए अधिकार को ईश्वरीय मेल के साथ लागू कर रहे होते हैं।

इसलिए अंधकार मनुष्य के सहयोग के बिना आगे नहीं बढ़ सकता, और स्वर्ग भी मनुष्य की सहमति के बिना प्रकट नहीं होता।

हर बार जब आप पवित्र आत्मा के अधीन होते हैं, तो आप नरक की योजना को बिगाड़ देते हैं।

आप केवल बुराई का विरोध नहीं कर रहे होते—आप उसे मंच मिलने से रोक रहे होते हैं।

2

यीशु और उसका अधिकार

प्रश्न 1: यीशु ने क्रूस से पहले भी अधिकार कैसे चलाया?

क्रूस से बहुत पहले भी यीशु पिता की इच्छा के साथ पूर्ण मेल में कार्य कर रहे थे।
उनका अधिकार किसी और से लिया हुआ नहीं था; वह उनके भीतर स्वाभाविक रूप से था।
जब उन्होंने कहा, "सब बातें मेरे पिता ने मुझे सौंप दी हैं" (लूका 10:22), तब उन्होंने उस संबंध को प्रकट किया जो समय से पहले से था।
अधिकार निकटता से बहता है।
यीशु ने यह सिद्ध करने के लिए जोर से नहीं चिल्लाया कि उनके पास शक्ति है; उनकी आज्ञाकारिता ही इसका प्रमाण थी।
हर दुष्ट आत्मा जो उनके सामने झुकी, वह केवल उनके आदेश के कारण नहीं, बल्कि उनके समर्पण के कारण भी झुकी।

क्रूस से पहले, यीशु "मनुष्य के पुत्र" के रूप में सौंपे गए प्रभुत्व में चले—देह में परमेश्वर होकर, पृथ्वी पर कानूनी रूप से स्वर्ग का प्रतिनिधित्व करते हुए।

उन्होंने चंगाई दी, पाप क्षमा किए, और दुष्ट आत्माओं को निकाला ताकि दिखा सकें कि पुनर्स्थापित मनुष्य कैसा होना चाहिए।
मत्ती 9:6 में उन्होंने कहा, "मनुष्य के पुत्र को पृथ्वी पर पाप क्षमा करने का अधिकार है।"
यह केवल क्षमा के बारे में नहीं था—यह अधिकार-क्षेत्र की घोषणा थी।
वे स्वर्ग की सरकार को मनुष्यों की गलियों तक लेकर आए थे।

उनके शब्दों में वजन था क्योंकि उनके जीवन में कोई मिलावट नहीं थी।
दुष्ट आत्माएँ व्यक्तित्व से अधिक पवित्रता के आगे झुकती हैं।
यीशु का निष्पाप जीवन निरंतर और बिना रुकावट के अधिकार का स्रोत था।
जब उन्होंने कहा, "निकल जा," तो वह कोई बातचीत नहीं थी—वह पहचान थी।
अंधकार ने पवित्रता को देखा और झुक गया।
उनका अधिकार धार्मिकता में जड़ा हुआ था; बाद में क्रूस वह कानूनी आधार बना जिसने इस अधिकार को हमारे लिए भी उपलब्ध किया।

मरने से पहले भी उन्होंने सत्तर चेलों को भेजा, और वे लौटकर बोले, "हे प्रभु, तेरे नाम से दुष्ट आत्माएँ भी हमारे अधीन हैं" (लूका 10:17)।
यह पुनरुत्थान से पहले हुआ—इससे सिद्ध होता है कि उनके नाम में शक्ति थी क्योंकि उनके स्वभाव में सिद्धता थी।

इसलिए यीशु ने कलवरी से पहले अधिकार इस प्रकार चलाया—पिता की पूर्ण आज्ञाकारिता में जीकर, आत्मा की सामर्थ्य में चलकर, और उस प्रभुत्व को प्रकट करके जिसे आदम ने खो दिया था।
उन्होंने हमें पहले से दिखा दिया कि जो मनुष्य पूरी तरह परमेश्वर के अधीन हो, वह क्या कर सकता है।

प्रश्न 2: दुष्ट आत्माएँ हमेशा मनुष्यों से पहले यीशु को क्यों पहचान लेती थीं?

दुष्ट आत्माओं ने यीशु को तुरंत पहचान लिया क्योंकि आत्मिक जगत बाहरी रूप को नहीं, असली स्वरूप को पहचानता है।
जब यीशु आराधनालय में गए, तो अशुद्ध आत्मा चिल्लाई, "हमें छोड़ दे! ... मैं जानता हूँ कि तू कौन है—परमेश्वर का पवित्र जन!" (मरकुस 1:24)।
मनुष्यों ने एक बढ़ई के बेटे को देखा; दुष्ट आत्माओं ने भस्म करने वाली अग्नि को देखा।
जो महिमा वे लेकर चल रहे थे, वह प्राकृतिक आँखों से दिखाई नहीं देती थी, लेकिन अंधकार के लिए असहनीय थी।

आत्मिक प्राणी ज्योति को पहचानते हैं; मनुष्य कई बार केवल बाहरी पहचान और नाम देखते हैं।
धार्मिक मन को चिन्हों की आवश्यकता थी; दुष्ट आत्माओं को किसी परिचय की आवश्यकता नहीं थी।
उनकी उपस्थिति मात्र ने उनकी भ्रष्टता को उजागर कर दिया।
वही महिमा जो संसार से पहले उन्हें आच्छादित करती थी, अब देह में ढकी हुई थी, फिर भी अदृश्य जगत उसकी गर्मी को महसूस कर सकता था।

दुष्ट आत्माएँ उस अधिकार को पहचानती थीं जिसके विरुद्ध उन्होंने कभी विद्रोह किया था।
यीशु उनके लिए कोई नया शत्रु नहीं थे—वे वही प्राचीन न्यायी थे जो अब मनुष्य के शरीर में चल रहे थे।
उनकी आवाज में वही आदेश गूँजता था जिसने लूसीफर को स्वर्ग से निकाल दिया था।
इसीलिए वे चिल्लाईं, "क्या तू समय से पहले हमें नाश करने आया है?" (मत्ती 8:29)।
वे जानती थीं कि उनका अधिकार किसी मौसम तक सीमित नहीं, बल्कि अनंत है।

मनुष्य, जो धर्म के कारण सुस्त हो गए थे, उन्हें पहचानने के लिए प्रकाशन चाहते थे; लेकिन दुष्ट आत्माएँ, जो ज्योति से गिर चुकी थीं, पहचान के कारण ही तड़प उठती थीं।

अविश्वास की यही दुखद बात है—कलीसिया कभी-कभी उस बात पर भी संदेह करती है जिसे नरक पहले से जानता है।

इसलिए दुष्ट आत्माओं ने उन्हें मनुष्यों से पहले पहचाना क्योंकि आत्मिक जगत बुद्धि से पहले सत्य का उत्तर देता है।
उन्होंने वह महिमा देखी जिसे मनुष्यों ने अनदेखा कर दिया।
अंधकार के लिए उनकी पहचान को नकारा नहीं जा सकता था।

प्रश्न 3: इसका क्या अर्थ है जब दुष्ट आत्माएँ कहती थीं, "हमें मत सताओ"?

जैसे ही यीशु प्रकट हुए, यातना शुरू हो गई—इसलिए नहीं कि उन्होंने तुरंत आक्रमण किया, बल्कि इसलिए कि उनकी पवित्रता असहनीय थी।
लूका 8:28 में लश्कर ने चिल्लाकर कहा, "मुझे मत सताओ!"
यहाँ "सताने" के लिए जो यूनानी शब्द है (basanizo), उसका अर्थ है "जाँचना, परखना, दंड देना।"
यीशु की उपस्थिति ही उनके लिए परीक्षा थी; उनकी पवित्रता ही उनके लिए न्याय के समान थी।
अशुद्ध आत्माओं के लिए पवित्रता पीड़ा बन जाती है।

वे जानती थीं कि यातना उनका भविष्य का दंड है (प्रकाशितवाक्य 20:10)।
जब उन्होंने यीशु को देखा, तो मानो समय एक जगह आ गया—उन्हें आने वाले कल का न्याय आज ही महसूस होने लगा।
इसीलिए वे विनती करती थीं, "क्या तू समय से पहले हमें नाश करने आया है?"
वे भविष्यवाणी के समय को जानती थीं।
कई विश्वासियों से अधिक नरक को अंतकाल की समझ होती है—उसे पता है कि उसका एक निश्चित अंत है।

यह भय एक और बात प्रकट करता है—दिव्य अधिकार की व्यवस्था।
दुष्ट आत्माएँ जानती हैं कि वे ईश्वरीय आदेश का विरोध नहीं कर

सकतीं; वे केवल देर करवाने की कोशिश कर सकती हैं।
उनकी विनती बातचीत नहीं थी—वह बेबसी थी।
यीशु ने भी उसे लंबा नहीं खींचा।
उनकी चुप्पी ही फैसला थी।

हर बार जब कोई पवित्र आत्मा से भरा हुआ विश्वास करने वाला अधिकार में चलता है, तो वही पीड़ा दुष्ट आत्माओं में फिर से दिखाई देती है।
यह हमारे कारण नहीं, बल्कि उसके कारण है जो हममें रहता है।
1 यूहन्ना 4:4 कहता है, "जो तुम में है, वह उससे बड़ा है जो संसार में है।"
जब आप मसीह से भरे होते हैं, तो आपकी उपस्थिति ही उनके शाश्वत हार की याद दिलाती है।

इसलिए जब दुष्ट आत्माएँ कहती थीं, "हमें मत सताओ," तो वे अनंत पवित्रता और थोड़े समय के विद्रोह के बीच के टकराव को महसूस कर रही थीं।
जिस बात से वे अनंतकाल तक डरती हैं, उसे आप हर दिन अपने भीतर लेकर चलते हैं।

प्रश्न 4: मरकुस 5 में यीशु ने दुष्ट आत्माओं को सूअरों में जाने क्यों दिया?

यह कहानी भविष्यवाणी की बुद्धि से भरी हुई है।
जब लश्कर ने सूअरों में जाने की विनती की, तो यीशु ने अनुमति दी—दुष्ट आत्माओं पर दया करने के लिए नहीं, बल्कि मनुष्य पर दया प्रकट करने के लिए।
गदरिनियों का वह क्षेत्र आर्थिक रूप से उन झुंडों पर निर्भर था।
जब सूअर डूब गए, तो उस नगर की अशुद्ध कमाई भी उनके साथ डूब गई।
छुटकारे ने उस लाभ को हिला दिया जो अशुद्धता पर खड़ा था।

सूअर मूसा की व्यवस्था के अनुसार निषिद्ध थे (लैव्यव्यवस्था 11:7)।
फिर भी यहाँ एक यहूदी क्षेत्र उन्हें पाल रहा था—यह समझौते का प्रमाण था।
यीशु ने दुष्ट आत्माओं को सूअरों में जाने देकर एक मनुष्य को तो स्वतंत्र किया ही, साथ ही एक संस्कृति पर न्याय भी प्रकट किया।
यह एक जीवित उपदेश था: जब पवित्रता लाभ के सामने खड़ी होती है, तो कुछ न कुछ गिरता ही है।

दुष्ट आत्माओं का सूअरों में जाना उनकी प्रकृति को भी प्रकट करता है—वे जिस किसी में रहती हैं, उसे नष्ट करती हैं।
कुछ ही क्षणों में लगभग दो हजार पशु दौड़कर मर गए (मरकुस 5:13)।
दुष्ट आत्माएँ निवास तो चाहती हैं, पर लाती विनाश ही हैं।
जो उनके अंदर गया, वह डूब गया।
मनुष्यों के साथ भी उनका यही तरीका है: कब्जा करना, बिगाड़ना, और नष्ट करना।

यीशु ने ऐसा इसलिए होने दिया ताकि अदृश्य बात दृश्यमान हो जाए।
नगरवालों ने अपनी आँखों से देखा कि छुटकारा प्राकृतिक जगत में कैसा दिखता है—अशुद्ध निवासियों का सामूहिक विनाश।
उन्होंने मनुष्य से अधिक सूअरों को मूल्यवान समझा, इसलिए उन्होंने यीशु से वहाँ से चले जाने को कहा।
छुटकारा आराम को हिला देता है।

उस दृश्य में एक सताया हुआ मनुष्य कपड़े पहने और सही होश में बैठा था, जबकि पूरे नगर ने अपनी अशुद्ध संपत्ति खो दी थी।
यीशु ने दिखाया कि एक आत्मा की स्वतंत्रता दो हजार झुंडों से भी अधिक मूल्य रखती है।

प्रश्न 5: यीशु ने पतरस को "शैतान" कहकर क्यों डाँटा?

जब यीशु ने कहा, “हे शैतान, मेरे पीछे हट जा!” (मत्ती 16:23), तो वे पतरस की पहचान पर आक्रमण नहीं कर रहे थे, बल्कि उसके शब्दों के पीछे काम कर रहे प्रभाव को संबोधित कर रहे थे।
कुछ ही समय पहले पतरस ने स्वर्ग से प्रकाशन पाया था (“तू मसीह है”), लेकिन यदि विवेक सो जाए, तो प्रकाशन के बाद भी गलत सुझाव आ सकता है।
शैतान ने पतरस के प्रेम और लगाव का उपयोग करके क्रूस के मार्ग को रोकना चाहा।

यीशु ने उस आवाज को पहचान लिया।
वह पतरस का हृदय नहीं था; वह नरक की फुसफुसाहट थी जो चिंता के वस्त्र पहने हुए आई थी।
यीशु ने कहा, “तू मेरे लिए ठोकर का कारण है, क्योंकि तू परमेश्वर की बातों पर नहीं, मनुष्यों की बातों पर मन लगाता है।”
शत्रु कई बार मानवीय सहानुभूति के भीतर छिप जाता है।
जो बात दया जैसी लगती है, वही कई बार नियति के विरुद्ध विरोध बन जाती है।

यह सामना हमें सिखाता है कि अधिकार व्यक्तियों को नहीं, आत्माओं को पहचानता है।
यीशु ने पतरस को नहीं बाँधा—उन्होंने उस प्रभाव को रोका जो उसके द्वारा काम कर रहा था।
उन्होंने व्यक्ति और उसे उपयोग कर रही शक्ति के बीच अंतर किया।
छुटकारे की शुरुआत विवेक से होती है।

पतरस की यह थोड़ी देर की चूक यह भी दिखाती है कि भावनाएँ कितनी जल्दी प्रकाशन को मोड़ सकती हैं।
इसीलिए अधिकार को भावनाओं में नहीं, वचन में स्थिर होना चाहिए।
यीशु ने भावुक परीक्षा के साथ कोई समझौता नहीं किया।
मेल के बिना प्रेम, देर करवाने का साधन बन सकता है।

इसलिए जब यीशु ने पतरस में “शैतान” को डाँटा, तो उन्होंने दिखाया कि परिचित आवाजों में छिपी हुई बाधा को कैसे पहचाना और संबोधित किया जाए।

अधिकार अभद्र नहीं होता—वह धर्मी स्पष्टता होता है।
सच्चा प्रेम नियति की रक्षा करता है, चाहे उसके लिए डाँटना ही क्यों न पड़े।

प्रश्न 6: "मेरे नाम से वे दुष्ट आत्माओं को निकालेंगे" का असली अर्थ क्या है?

मरकुस 16:17 में यह कथन कोई सुझाव नहीं था—यह एक आदेश था।
"मेरे नाम से" का अर्थ है "मेरी ओर से, मेरे अधिकार के अधीन।"
यह वाक्य कानूनी प्रतिनिधित्व को दर्शाता है।
जब कोई राजदूत किसी राष्ट्र की ओर से बोलता है, तो उसके शब्दों में उस सरकार की शक्ति होती है जिसका वह प्रतिनिधित्व करता है।
उसी प्रकार, विश्वास करने वाला पृथ्वी पर स्वर्ग का प्रतिनिधि बनकर खड़ा होता है।

उसके नाम में कार्य करना केवल नाम का उच्चारण करना नहीं है; यह स्थान और पहचान की बात है।
इसका अर्थ है कि आप पुनरुत्थित मसीह के अधिकार में कार्य कर रहे हैं।
उसका नाम कोई पासवर्ड नहीं है—वह एक स्थान है।
दुष्ट आत्माएँ आवाज के लहजे पर नहीं, अधिकार-क्षेत्र पर प्रतिक्रिया देती हैं।

जब प्रेरितों ने उसके नाम का उपयोग किया, तो वे केवल शब्द नहीं दोहरा रहे थे; वे उस अधिकार को लागू कर रहे थे।
प्रेरितों के काम 3:6 में पतरस ने कहा, "नासरी यीशु मसीह के नाम से उठ और चल फिर।"
यह आदेश यीशु की सेवा का ही आगे बढ़ना था।
उस नाम ने स्वर्ग की ओर से समर्थन को सक्रिय किया।

उस नाम की शक्ति किसी धार्मिक क्रिया से नहीं, बल्कि मेल और अधीनता से कार्य करती है।
यदि आपका जीवन उस प्रभु के विपरीत चल रहा है जिसके नाम का आप उपयोग कर रहे हैं, तो उस नाम की कानूनी जमीन कमज़ोर हो जाती है।

इसीलिए सकुवा के पुत्र असफल हुए—उन्होंने उस नाम का उपयोग तो किया, पर वाचा में नहीं थे।

इसलिए "मेरे नाम से वे दुष्ट आत्माओं को निकालेंगे" का अर्थ है: तुम, मेरे प्रतिनिधि के रूप में, पृथ्वी पर मेरा अधिकार चलाओगे, उस विजय को लागू करोगे जो मैंने प्राप्त की है, और हर दिन नरक को याद दिलाओगे कि मैं राज्य करता हूँ।
यह जादू नहीं है—यह राज्य-शासन है।

प्रश्न 7: यीशु ने अपना अधिकार कलीसिया को कैसे सौंपा?

अधिकार वंशानुगत रूप से नहीं, बल्कि आज्ञा और नियुक्ति के द्‌वारा सौंपा गया।
मत्ती 28:18–19 में यीशु ने कहा, "स्वर्ग और पृथ्वी का सारा अधिकार मुझे दिया गया है। इसलिए तुम जाओ..."
यह "इसलिए" बहुत महत्वपूर्ण है—उन्होंने अधिकार विजय के द्‌वारा प्राप्त किया और वाचा के द्‌वारा सौंपा।
जो विजय उन्होंने कानूनी रूप से जीती, उसे उन्होंने आत्मिक रूप से अपने लोगों में बाँट दिया।

यह हस्तांतरण पवित्र आत्मा के द्‌वारा हुआ।
स्वर्गारोहण से पहले उन्होंने कहा, "जब पवित्र आत्मा तुम पर आएगा तो तुम सामर्थ पाओगे" (प्रेरितों के काम 1:8)।
सामर्थ्य (dunamis) इसलिए दी गई ताकि उनका अधिकार (exousia) कार्य कर सके।
पवित्र आत्मा पृथ्वी पर मसीह के प्रभुत्व का संचालक बन गया।

यीशु ने हमें अपने अधिकार का केवल एक हिस्सा नहीं दिया—उन्होंने हमें उसमें भागीदारी दी।
इफिसियों 2:6 कहता है कि परमेश्वर ने "हमें मसीह यीशु में साथ उठाया और स्वर्गीय स्थानों में साथ बैठाया।"
हम केवल उसके काम में नहीं, उसके स्थान में भी सहभागी हैं।

इसीलिए जब कलीसिया एकता में चलती है, तो नरक उसे पहचानता है—जो सिंहासन स्वर्गदूतों को आदेश देता है, वही अब विश्वासियों के द्वारा बोलता है।

यह हस्तांतरण अपने आप नहीं चलता; यह संबंध के द्वारा चलता है।

अधिकार निकटता से बहता है।

जितना आप उसके हृदय को जानते हैं, उतना ही स्वर्ग आपकी आवाज पर भरोसा करता है।

इसीलिए प्रार्थना केवल माँगना नहीं है—यह मेल में आना है।

प्रारंभिक कलीसिया किसी फॉर्मूले में नहीं, बल्कि सहभागिता में चलती थी।

इसलिए यीशु ने अपना अधिकार इस प्रकार कलीसिया को दिया—अपने लोगों को अपने आत्मा से भरकर, अपने नाम में उन्हें भेजकर, और अपनी विजय में उन्हें बैठाकर।

आप इसे कमाते नहीं—आप इसे लागू करते हैं।

प्रश्न 8: यीशु ने चेलों को दुष्ट आत्माओं को निकालने के लिए दो-दो करके क्यों भेजा?

स्वर्ग सहमति के सिद्धांत पर कार्य करता है।

लूका 10:1 में लिखा है कि यीशु ने “उन्हें दो-दो करके अपने आगे भेजा।”

छुटकारे की सेवा अकेले प्रदर्शन की बात नहीं है—यह विश्वास की साझेदारी है।

सभोपदेशक 4:9 कहता है, “दो एक से अच्छे हैं,” क्योंकि एकता में अधिकार बढ़ जाता है।

उन्हें जोड़े में भेजकर यीशु ने संतुलन सुनिश्चित किया—एक सेवा कर सकता था, दूसरा विवेक कर सकता था; एक बोल सकता था, दूसरा मध्यस्थता कर सकता था।

जवाबदेही के बिना छुटकारे की सेवा घमंड को जन्म दे सकती है; लेकिन टीम में सेवा करना सुरक्षा लाता है।

अदृश्य जगत में भी सहमति शक्ति को बढ़ाती है: “यदि तुम में से दो जन पृथ्वी पर किसी बात के लिये एक मन हों...” (मत्ती 18:19)।

चेले गवाही के सिद्धांत को भी प्रकट करते थे।
यहूदी व्यवस्था के अनुसार हर बात दो या तीन गवाहों से स्थिर होती थी (व्यवस्थाविवरण 19:15)।
छुटकारा कोई तमाशा नहीं, बल्कि गवाही है।
जब दो लोग साथ सेवा करते हैं, तो चमत्कार परमेश्वर के राज्य का प्रमाण बन जाता है।

यह अधिकार और करुणा की साझेदारी को भी दिखाता है।
एक में आग हो सकती है, दूसरे में कोमलता।
नरक ऊँची आवाज वाले अकेले लोगों से उतना नहीं डरता, जितना संतुलित और एकजुट टीम से डरता है।
एक अकेला सेवक दुष्ट आत्मा को निकाल सकता है; पर एकता में चलने वाली टीम क्षेत्रीय अंधकार को भी हिला सकती है।

इसलिए यीशु ने उन्हें दो-दो करके भेजा ताकि सिखा सकें कि अधिकार सबसे अच्छे ढंग से सहमति में काम करता है।
जब अहंकार पीछे हटता है, तब राज्य तेज़ी से आगे बढ़ता है।

प्रश्न 9: यीशु का यह कहना क्या अर्थ रखता है कि “यह जाति प्रार्थना और उपवास के बिना नहीं निकलती”?

मत्ती 17:21 में यीशु ने तकनीक की कमी को नहीं, बल्कि अविश्वास को संबोधित किया।
चेलों ने दुष्ट आत्मा को निकालने की कोशिश की, पर असफल रहे।
तब यीशु ने कहा, “तुम्हारे अविश्वास के कारण।”
फिर उन्होंने कहा, “यह जाति प्रार्थना और उपवास के बिना नहीं निकलती।”
समस्या दुष्ट आत्मा की ताकत नहीं थी—समस्या उनकी आत्मिक संवेदनशीलता थी।

प्रार्थना और उपवास परमेश्वर की शक्ति को नहीं बढ़ाते—वे हमारे मेल और अधीनता को बढ़ाते हैं।
वे शरीर को शांत करते हैं ताकि आत्मा बिना रुकावट के बह सके।
कुछ दुष्ट आत्मिक संरचनाएँ बहुत पुरानी, परतदार और क्षेत्रीय होती हैं।
उन्हें केवल चिल्लाकर नहीं हटाया जा सकता; उसके लिए गहराई चाहिए।
प्रार्थना और उपवास विश्वास करने वाले के अधिकार को स्वर्ग की धुन और दिशा के साथ फिर से मिलाते हैं।

"यह जाति" का संबंध अविश्वास से भी हो सकता है।
संदेह की कुछ परतें केवल तब निकलती हैं जब शरीर दबता है।
उपवास भय की आवाज को कमज़ोर करता है; प्रार्थना विश्वास की आवाज को मजबूत करती है।
जब दोनों साथ काम करते हैं, तो अधिकार सहज हो जाता है।

यीशु ने दुष्ट आत्माओं को निकालने के लिए उपवास नहीं किया; उन्होंने आत्मा से भरे रहने के लिए उपवास किया (लूका 4:1–14)।
चेले उस भरपूरी के बिना सेवा करने की कोशिश कर रहे थे।
प्रार्थना आग को जलाए रखती है; उपवास धुएँ की रुकावट को हटाता है।
जब दोनों साथ चलते हैं, तो छुटकारा संघर्ष नहीं, बल्कि बहाव बन जाता है।

इसलिए "यह जाति" केवल दुष्ट आत्माओं की श्रेणी के बारे में नहीं है—यह आत्मिक स्थिति के बारे में भी है।
कुछ पहाड़ तभी हिलते हैं जब शरीर इतना झुकता है कि विश्वास ऊँचा उठ सके।

प्रश्न 10: दुष्ट आत्माओं ने क्यों चिल्लाकर कहा, "क्या तू हमें समय से पहले नाश करने आया है?"

मत्ती 8:29 में यह पुकार उनकी इस समझ को प्रकट करती है कि वे दिव्य समय को जानती हैं।
दुष्ट आत्माएँ अपने भविष्य को जानती हैं; वे केवल उसके आने से डरती

हैं।
वे उधार के समय में जी रही हैं, अस्थायी छूट के साथ।
जब यीशु प्रकट हुए, तो उनकी उपस्थिति ने ऐसा महसूस कराया मानो न्याय का दिन पहले ही आ गया हो।
अनंत ने समय के भीतर प्रवेश किया, और वे घबरा गईं।

यह कथन अदृश्य जगत के भविष्यवाणी-सम्बंधी समय को भी प्रकट करता है।
वे जानती हैं कि उनके विनाश का एक निश्चित "समय" (kairos) है—जब अंतिम न्याय उन्हें आग की झील में डालेगा (प्रकाशितवाक्य 20:10)।
हर छुटकारे की घटना उसी अंतिम घटना की एक झलक है।
जब आप दुष्ट आत्माओं को निकालते हैं, तो आप मानो उनके अंतिम निष्कासन की पूर्व-घोषणा कर रहे होते हैं।

उनका यह प्रश्न यह भी दिखाता है कि वे अधिकार को समय को तेज़ करने वाली चीज़ के रूप में समझती हैं।
जहाँ भी यीशु की उपस्थिति प्रकट होती है, वहाँ उनके लिए समय सिमटने लगता है।
इसीलिए जागृति और पुनर्जीवन के समय विरोध भी बढ़ता है—परमेश्वर की उपस्थिति अंधकार की मोहलत को छोटा कर देती है।

यीशु ने उनके प्रश्न का उत्तर नहीं दिया क्योंकि उत्तर तो पहले से ही खुल रहा था।
उनकी सेवा ही उलटी गिनती की शुरुआत थी।
कलवरी ने उनकी हार पर मुहर लगा दी; पुनरुत्थान ने उनका प्रभुत्व छीन लिया।
कब्र खुलते ही उनकी घड़ी और तेज़ चलने लगी।

इसलिए जब दुष्ट आत्माएँ समय की बात करके चिल्लाती हैं, तो याद रखिए—वे जानती हैं कि क्या आने वाला है।
हर विश्वास करने वाला जो अधिकार में चलता है, उन्हें यह याद दिलाता है:
अंत उतना दूर नहीं है जितना वे चाहती हैं।

3

विश्वासी के अधिकार को समझना

प्रश्न 1: आत्मिक जगत में अधिकार क्या है?

आत्मिक जगत में अधिकार ऊँची आवाज नहीं है—यह कानूनी हक है। लूका 10:19 में यीशु ने कहा, “देखो, मैं तुम्हें साँपों और बिच्छुओं को रौंदने का, और शत्रु की सारी शक्ति पर अधिकार देता हूँ।”
यहाँ “अधिकार” के लिए जो शब्द आया है (exousia), उसका अर्थ है अधिकार-क्षेत्र या कार्य करने का कानूनी हक।
अधिकार का मतलब है पृथ्वी पर स्वर्ग की स्वीकृति।
यह वह स्थिति है जब अदृश्य जगत पहचान लेता है कि आप ईश्वरीय शासन के अधीन खड़े हैं।

प्राकृतिक संसार में एक पुलिस अधिकारी किसी बड़े ट्रक को इसलिए नहीं रोकता कि वह उससे अधिक शक्तिशाली है, बल्कि इसलिए कि उसके पास बैज होता है।
उसी तरह, आत्मिक अधिकार स्वर्ग का बैज है, जो समर्पित जीवन के द्वारा दिखाई देता है।
आप दुष्ट आत्माओं से मांसपेशियों के बल पर नहीं लड़ते—आप उन्हें

आदेश और अधिकार के आधार पर सामना करते हैं।
अंधकार की शक्ति मनुष्य की इच्छा के आगे नहीं, बल्कि ईश्वरीय अनुमति के आगे झुकती है।

अधिकार वहीं काम करता है जहाँ अधीनता होती है।
यह कभी स्वयं से पैदा नहीं होता; यह सौंपा जाता है।
इसीलिए यीशु, जो पिता के बराबर थे, फिर भी बोले, “मैं अपनी ओर से कुछ नहीं करता” (यूहन्ना 8:28)।
उन्होंने दिखाया कि अधिकार कैसे बहता है: पिता से पुत्र तक, पुत्र से कलीसिया तक।
जिस क्षण आप अधीनता से बाहर निकलते हैं, अधिकार शोर में बदल जाता है।

सच्चा अधिकार बिना समझाए भी पहचाना जाता है।
प्रेरितों के काम 13:12 में जब पौलुस ने जादूगर एलुमा को अंधा कर दिया, तब हाकिम “प्रभु की शिक्षा पर चकित होकर विश्वास लाया।”
ध्यान दीजिए—चमत्कार ने सेवक की नहीं, संदेश की पुष्टि की।
अधिकार हमेशा ऊपर की ओर इशारा करता है।

इसलिए आत्मिक अधिकार कोई रहस्यमय बात नहीं है—यह शासन से जुड़ी बात है।
यह पृथ्वी पर स्वर्ग की इच्छा का प्रतिनिधित्व करने का ईश्वरीय अधिकार है, जो घमंड से नहीं, बल्कि आज्ञाकारिता से चलाया जाता है।
नरक उस विश्वासी से अधिक डरता है जो इसे समझता है, बनिस्बत उस प्रचारक के जो केवल इसके बारे में बोलता है।

प्रश्न 2: आत्मिक अधिकार और शक्ति में क्या अंतर है?

शक्ति (dunamis) का अर्थ है सामर्थ्य; अधिकार (exousia) का अर्थ है अनुमति।
एक क्षमता है; दूसरा वैध अधिकार।
एक ऊर्जा है; दूसरा स्वीकृति।

एक बंदूक में शक्ति होती है क्योंकि उसमें गोलियाँ होती हैं, लेकिन गोली चलाने का अधिकार आपको कानूनी अनुमति देती है।
अधिकार के बिना शक्ति विद्रोह बन जाती है।

लूका 9:1 कहता है, “तब उसने अपने बारहों चेलों को बुलाकर उन्हें सब दुष्ट आत्माओं पर शक्ति और अधिकार दिया।”
ध्यान दीजिए—शक्ति को अधिकार के अधीन होना चाहिए।
बहुत से विश्वासियों के पास पवित्र आत्मा के द्वारा शक्ति होती है, लेकिन अधीनता की कमी के कारण उनका प्रभाव टिकाऊ नहीं होता।
ढाँचे और आवरण के बिना शक्ति अव्यवस्था बन जाती है।

अधिकार शक्ति को स्थिर करता है।
वह दिशा और सीमा तय करता है।
यीशु ने कभी अपनी शक्ति का गलत उपयोग नहीं किया क्योंकि वे कभी पिता की इच्छा से बाहर नहीं गए।
जब उन्हें पत्थरों को रोटी बनाने की परीक्षा दी गई, तो उन्होंने मना कर दिया (मत्ती 4:3-4)।
उनके पास क्षमता थी, लेकिन अनुमति नहीं थी।
उसी संयम ने अनुशासन के द्वारा प्रभुत्व को प्रकट किया।

दुष्ट आत्माएँ भी शक्ति में काम करती हैं—वे पीड़ा दे सकती हैं, धोखा दे सकती हैं, या प्रकट हो सकती हैं—लेकिन उनके पास वैध अधिकार नहीं होता।
उनका शासन अवैध कब्जा है।
विश्वासी की ताकत ऊँची आवाज में नहीं, बल्कि सही कानूनी स्थिति में है।
स्वर्ग शोर का नहीं, वैध अधिकार का समर्थन करता है।

इसलिए यह अंतर बहुत महत्वपूर्ण है:
शक्ति सामर्थ्य दिखाती है; अधिकार वैधता बताता है।
जब दोनों ईश्वरीय मेल में साथ काम करते हैं, तो विश्वासी की बहुत धीमी आवाज भी अंधकार की बड़ी से बड़ी प्रधानता को हिला सकती है।

प्रश्न 3: अधिकार केवल अधीनता के नीचे ही क्यों काम करता है?

अधीनता कमजोरी नहीं है; यह वह मार्ग है जिसके द्वारा शक्ति बहती है।
मत्ती 8:9 में सूबेदार ने कहा, “मैं भी पराए अधिकार के अधीन मनुष्य हूँ, और मेरे अधीन सिपाही हैं।”
वह समझ गया था कि जो आदेश देना चाहता है, उसे पहले स्वयं आज्ञा मानना सीखना होगा।
यीशु उसकी आस्था पर चकित हुए क्योंकि उसने राज्य की व्यवस्था को समझ लिया था।

जब कोई विश्वास करने वाला ईश्वरीय व्यवस्था के विरुद्ध चलता है और फिर भी अधिकार चलाने की कोशिश करता है, तो आत्मिक जगत उसे अनदेखा कर देता है।
दुष्ट आत्माएँ भी पद और क्रम को जानती हैं।
प्रेरितों के काम 19:15 में उन्होंने कहा, “यीशु को मैं जानता हूँ, और पौलुस को भी जानता हूँ; पर तुम कौन हो?”
स्वर्ग पदवी को नहीं, आज्ञाकारिता को पहचानता है।
अधीनता के बिना अधिकार आत्मिक नकल है।

अधीनता आपको उस सिंहासन के साथ मेल में लाती है जहाँ से अधिकार बहता है।
याकूब 4:7 इस क्रम को स्पष्ट करता है:
“इसलिये परमेश्वर के अधीन हो जाओ; और शैतान का सामना करो, तो वह तुम्हारे पास से भाग जाएगा।”
शैतान का विरोध तभी प्रभावी होता है जब पहले परमेश्वर के अधीनता हो।
बहुत लोग पहले कदम को छोड़ देते हैं और फिर सोचते हैं कि शत्रु क्यों नहीं हट रहा।

यीशु स्वयं हर बात में पिता के अधीन रहे।
उन्होंने कहा, “पुत्र अपने आप से कुछ नहीं कर सकता” (यूहन्ना 5:19)।

उनके चमत्कार पूर्ण निर्भरता की अभिव्यक्ति थे।
इसीलिए नरक काँपता था—क्योंकि उनकी आज्ञाकारिता में स्वर्ग का आदेश गूँजता था।

इसलिए अधिकार मेल के द्वारा काम करता है।
आप अपने मन की इच्छा में चलते हुए स्वर्ग का बैज नहीं उठा सकते।
जितना अधिक आप समर्पित होते हैं, उतने ही अजेय बनते हैं।
नरक वहीं झुकता है जहाँ स्वर्ग शासन करता है।

प्रश्न 4: "मसीह के साथ स्वर्गीय स्थानों में बैठना" का क्या अर्थ है?

इफिसियों 2:6 कहता है कि परमेश्वर ने "हमें साथ जिलाया और मसीह यीशु में स्वर्गीय स्थानों में साथ बैठाया।"
यह केवल सुंदर भाषा नहीं है—यह हमारी स्थिति को बताता है।
मसीह के साथ बैठने का अर्थ है विजय के लिए नहीं, बल्कि विजय से काम करना।
इसका अर्थ है कि आपका आत्मिक युद्ध किसी अधूरे संघर्ष से नहीं, बल्कि पूर्ण हुए कार्य से शुरू होता है।

बैठना विश्राम और अधिकार दोनों को दर्शाता है।
राजा संघर्ष में खड़े होकर नहीं, सिंहासन पर बैठकर शासन करते हैं।
जब मसीह परमेश्वर की दाहिनी ओर बैठ गए (इब्रानियों 10:12), तो यह पूर्णता का चिन्ह था।
जब आप उनमें रखे गए, तो वही अधिकार आपकी स्थिति बन गया।
आत्मिक युद्ध खाई से नहीं, सिंहासन से लड़ा जाता है।

बहुत से विश्वासी ऐसे प्रार्थना करते हैं जैसे वे अपनी समस्याओं के नीचे दबे हुए हैं और केवल छुटकारे की भीख माँग रहे हैं।
लेकिन आपकी असली जगह नीचे नहीं, ऊपर है।
जब दृष्टिकोण बदलता है, तब अधिकार बहता है।
आप जीतने के लिए नहीं लड़ते—आप उस जीत को लागू करते हैं जो पहले ही मिल चुकी है।

शैतान का सबसे बड़ा हथियार छल है; वह चाहता है कि आप खड़े रहें जबकि आपको बैठे रहना चाहिए।

बैठना संबंध को भी दर्शाता है।

आप उसी मेज़ की सहभागिता में शामिल हैं।

आप प्रदर्शन से नहीं, निकटता से काम करते हैं।

जितना आप उसकी उपस्थिति के निकट बैठते हैं, उतना ही आपके आदेशों में स्पष्टता और वजन आता है।

इसलिए मसीह के साथ बैठने का अर्थ है उसकी विजय में विश्राम करना, उसकी स्थिति से शासन करना, और उसका अधिकार छोड़ना। जो विश्वासी सही तरह बैठता है, वही प्रभावशाली ढंग से बोलता है।

प्रश्न 5: दुष्ट आत्माएँ आत्मिक जगत में पद और क्रम को क्यों पहचानती हैं?

आत्मिक संसार अव्यवस्था से नहीं, बल्कि व्यवस्था और पदक्रम से चलता है।

गिरे हुए स्वर्गदूत भी अलग-अलग स्तरों में कार्य करते हैं: "प्रधानताएँ... अधिकारी... इस संसार के अन्धकार के हाकिम" (इफिसियों 6:12)।

अधिकार इस बात से मापा जाता है कि कोई व्यक्ति ईश्वरीय व्यवस्था के साथ कितना मेल रखता है।

दुष्ट आत्माएँ पद का सम्मान करती हैं क्योंकि वे भी मूल रूप से व्यवस्था के अधीन बनाई गई थीं, चाहे अब विद्रोह में हों।

जब यीशु का सामना "लश्कर" से हुआ, तो दुष्ट आत्माओं ने बहस नहीं की—उन्होंने मानो सलामी दी:

"मैं तुझे परमेश्वर की शपथ देता हूँ, मुझे न सताना" (मरकुस 5:7)।

उन्होंने अपने से ऊँचे पद को पहचान लिया।

प्रेरितों के काम 19:15 में भी वही बात दिखती है: "यीशु को मैं जानता हूँ, और पौलुस को भी।"

नरक अपने पास विवरण रखता है।

वह जानता है कि किसके पास आत्मिक शासन का वजन है।

पद वर्षों की सेवा से नहीं, आज्ञाकारिता की गहराई से मापा जाता है। पवित्र आत्मा से भरा हुआ एक बच्चा, घमंड में चल रहे पुराने प्रचारक से भी ऊँचा आत्मिक स्थान रख सकता है।
आत्मिक जगत नाम-पट्टी को नहीं, ज्योति को मापता है।
अधीनता आपका पद बढ़ाती है; विद्रोह उसे घटा देता है।

स्वर्गदूत भी इसी क्रम को पहचानते हैं।
मिखाएल, जो प्रधान स्वर्गदूत था, उसने भी कहा, "प्रभु तुझे डाँटे" (यहूदा 9)।
उसने भी अपने आप से स्वतंत्र होकर कार्य नहीं किया।
अधिकार तभी शुद्ध रहता है जब वह सौंपा हुआ हो।
जिस क्षण वह स्वयं घोषित हो जाता है, उसी क्षण वह टोना-टोटका जैसी आत्मा में बदलने लगता है।

इसलिए दुष्ट आत्माएँ पद को पहचानती हैं क्योंकि वे शासन की व्यवस्था को समझती हैं।
स्वर्ग की व्यवस्था नरक को भयभीत करती है।
जब आप सही मेल में चलते हैं, तो हर विद्रोही आत्मा आपके बोलने से पहले ही आपके प्रमाण-पत्रों को चमकते हुए देख लेती है।

प्रश्न 6: परमेश्वर का हथियार पहनने योग्य क्यों बताया गया है?

इफिसियों 6:11 कहता है, "परमेश्वर के सारे हथियार बाँध लो।"
हथियार कोई सजावट नहीं है—यह पहचान है।
इसे पहनना इसलिए ज़रूरी है क्योंकि अधिकार केवल एक विचार नहीं, बल्कि जीवन में दिखाई देने वाली वास्तविकता है।
यह हथियार वस्त्र नहीं, बल्कि स्वभाव और जीवनशैली को दर्शाता है।
सत्य, धार्मिकता, शांति, विश्वास, उद्धार और वचन—ये देखने की चीज़ें नहीं, बल्कि जीने की चीज़ें हैं।

आप किसी और का हथियार नहीं पहन सकते।
शाऊल ने दाऊद को अपना हथियार दिया, लेकिन दाऊद ने कहा, "मैं

इन्हें पहनकर चल नहीं सकता, क्योंकि मैंने इन्हें परखा नहीं है" (1 शमूएल 17:39)।
उसी तरह उधार की आत्मिकता युद्ध में काम नहीं करती।
आपको अपने हथियार को रोज़ की आज्ञाकारिता के द्वारा परखना होता है।

हर भाग मसीह के एक पहलू को दिखाता है।
सत्य की कमरबंद सब कुछ बाँधती है क्योंकि यीशु सत्य हैं।
धार्मिकता का कवच हृदय की रक्षा करता है क्योंकि उसकी धार्मिकता हमें ढँकती है।
आत्मा की तलवार—उसका वचन—उन झूठों को काटती है जो हमारी पहचान को चुनौती देते हैं।
जब आप उसे पहनते हैं, तो आप उसमें चलते हैं।

यह हथियार परमेश्वर का है, आपका नहीं।
इसे "परमेश्वर का हथियार" कहा गया है, "परमेश्वर के लिए हथियार" नहीं।
आप उसके लिए नहीं लड़ रहे—आप उसी के हथियार से लड़ रहे हैं जो वह स्वयं पहनता है।
यशायाह 59:17 कहता है कि उसने स्वयं धार्मिकता को कवच के रूप में पहना।
आप उसी में लिपटे हुए हैं जो विजय लाता है।

इसलिए यह हथियार पहनने योग्य है क्योंकि अधिकार दिखाई देना चाहिए।
यह केवल सिद्धांत नहीं—यह जीवन की गवाही है।
जब आप सत्य में चलते हैं, तो दुष्ट आत्माएँ उसे चमकते धातु की तरह देखती हैं।
आप केवल हथियार को सीखते नहीं—आप उसे हर दिन जीते हैं।

प्रश्न 7: क्या पाप एक विश्वास करने वाले के अधिकार को कमजोर कर सकता है?

पाप उद्धार को नहीं मिटाता, लेकिन आत्मविश्वास को कमज़ोर कर देता है।

1 यूहन्ना 3:21 कहता है, "यदि हमारा मन हमें दोषी नहीं ठहराता, तो हमें परमेश्वर के सामने साहस होता है।"

अधिकार साहस के द्वारा काम करता है, और साहस पवित्रता से आता है।

जब पाप आता है, तो निर्भीकता चली जाती है।

आदम ने आज्ञा उल्लंघन करते ही अपने आप को छिपा लिया; उसकी स्थिति स्थान में नहीं, बल्कि महिमा में बदल गई।

दुष्ट आत्माएँ अपराधबोध का लाभ उठाती हैं।

वे आरोप लगाने में फलती-फूलती हैं।

जब कोई विश्वास करने वाला बिना पश्चाताप के पाप में चलता है, तो उसका अधिकार हिचकिचाने लगता है।

वह प्रभुत्व के साथ नहीं, बल्कि संदेह के साथ प्रार्थना करता है।

ऐसा नहीं कि परमेश्वर अपनी शक्ति हटा लेता है—बल्कि अपराधबोध आपकी आवाज को दबा देता है।

धर्मी सिंह के समान निर्भय होता है (नीतिवचन 28:1); समझौता उसे कमजोर बना देता है।

अधिकार पहचान पर आधारित है।

पाप पहचान को भ्रमित करता है।

वह कहता है, "तू अयोग्य है," जबकि सच्चाई यह है कि तू लहू से ढका हुआ है।

लेकिन बिना स्वीकार किया हुआ पाप आरोप लगाने वाले को जगह दे देता है।

इसीलिए इफिसियों 4:27 चेतावनी देता है, "शैतान को स्थान मत दो।"

पाप खाली स्थान बनाता है जिसे अंधकार भरना चाहता है।

दाऊद ने अपना बल खो दिया था, जब तक उसने पश्चाताप नहीं किया:

"अपने उद्धार का आनन्द मुझे फिर से दे" (भजन संहिता 51:12)।

जब आनन्द लौटा, तो अधिकार भी लौट आया।

पश्चाताप केवल शुद्ध नहीं करता—यह साहस को भी वापस लाता है।

इसलिए हाँ, पाप अधिकार को कमजोर करता है—इसलिए नहीं कि परमेश्वर आपसे प्रेम करना बंद कर देता है, बल्कि इसलिए कि अपराधबोध आपको उस पर विश्वास करने से रोकता है।

समाधान छिपना नहीं, बल्कि नम्र होना है।

जल्दी स्वीकार करो, साहस के साथ उठो, और अपने अधिकार को साफ और चमकदार रखो।

प्रश्न 8: वचन बोलने से अधिकार कैसे सक्रिय होता है?

अधिकार आवाज के द्वारा सक्रिय होता है।

सृष्टि की शुरुआत ही ध्वनि से हुई: "तब परमेश्वर ने कहा..." (उत्पत्ति 1:3)।

वचन में आदेश का स्वभाव होता है।

जब इसे विश्वास में बोला जाता है, तो यह ईश्वरीय व्यवस्था को लागू करता है।

चुप्पी नरक को नहीं डराती; पवित्रशास्त्र डराता है।

यीशु ने जंगल में शैतान को चुप रहकर नहीं, बल्कि वचन से हराया: "लिखा है" (मत्ती 4:4)।

शैतान ने परीक्षा ली, लेकिन वचन ने विजय पाई।

शक्ति किसी चतुर शब्दों में नहीं थी—बल्कि उस वचन के लेखक में थी।

जब आप परमेश्वर की आवाज को दोहराते हैं, तो सृष्टि आपके पीछे खड़े वक्ता को पहचानती है।

इब्रानियों 4:12 कहता है, "परमेश्वर का वचन जीवित और प्रभावशाली है।"

जीवित वचन जीवित परिणाम लाता है।

हर सत्य की घोषणा अदृश्य जगत में झूठ को तोड़ देती है।

जब आप वचन बोलते हैं, तो स्वर्गदूत कार्य करते हैं, दुष्ट आत्माएँ पीछे हटती हैं, और परिस्थिति बदलने लगती है।

अधिकार तब काम करता है जब आपका कथन आपके विश्वास से मेल खाता है।
खाली दोहराव कुछ नहीं करता।
लेकिन जब आपका हृदय और आपका मुँह एक साथ विश्वास में होते हैं, तो वचन तलवार बन जाता है।
प्रकाशितवाक्य 1:16 में यीशु के मुँह से दोधारी तलवार निकलती हुई दिखाई गई है—सत्य दो बार बोला जाता है: एक बार उससे, एक बार आपसे।

इसलिए वचन बोलना अधिकार को सक्रिय करता है क्योंकि यह पृथ्वी पर स्वर्ग के निर्णय को दोहराता है।
हर "लिखा है" अंधकार में बिजली की तरह गिरता है।
विश्वास से बोला गया वचन शासन की आवाज है।

प्रश्न 9: अधिकार को केवल मान लेना नहीं, बल्कि प्रयोग करना क्यों आवश्यक है?

जिस अधिकार का उपयोग नहीं होता, वह केवल सिद्धांत बनकर रह जाता है।
परमेश्वर ने आदम को अधिकार दिया, लेकिन जब तक उसने प्राणियों के नाम नहीं रखे, तब तक उसका अधिकार सिद्ध नहीं हुआ।
अधिकार कार्य करने से सिद्ध होता है।
लूका 10:19 कहता है, "मैं तुम्हें अधिकार देता हूँ... रौंदने के लिए।"
जो अधिकार रौंदता नहीं, वह उपयोग में नहीं आता।

केवल मान लेने से आप देखने वाले बन जाते हैं, करने वाले नहीं।
बहुत से विश्वासी वादों की प्रशंसा करते हैं, लेकिन उन पर चलते नहीं।
याकूब 2:17 कहता है, "विश्वास बिना कामों के मरा हुआ है।"
उसी तरह, बिना उपयोग का अधिकार भी निष्क्रिय होता है।
स्वर्ग आपके बोलने का इंतज़ार करता है।

इस्राएलियों को कनान देश वादा किया गया था, लेकिन फिर भी उन्हें चलना, चिल्लाना और लड़ना पड़ा।

वादा होने का अर्थ निष्क्रिय होना नहीं है।
अधिकार को कदम-कदम पर लागू करना पड़ता है।
दुष्ट आत्माएँ केवल इसलिए नहीं जातीं कि आप वचन जानते हैं—वे तब जाती हैं जब आप उसे बोलते हैं।

केवल मान लेना घमंड को भी जन्म देता है।
कुछ लोग कहते हैं, "मैं विश्वासी हूँ, इसलिए मेरे पास अधिकार है," लेकिन उनका जीवन उनके शब्दों से मेल नहीं खाता।
अधिकार आज्ञाकारिता के द्वारा बढ़ता है और रोज़ के युद्धों में परखा जाता है।
जितना आप पवित्र आत्मा के मार्गदर्शन में इसका उपयोग करते हैं, उतना यह तेज़ होता जाता है।

इसलिए केवल अधिकार में विश्वास मत करो—उसे उपयोग करो।
अपने घर, अपने मन और अपने क्षेत्र पर बोलो।
स्वर्ग ने पहले ही सब कुछ तय कर दिया है; आपको उसे लागू करना है।
जो अधिकार उपयोग नहीं होता, वह व्यर्थ हो जाता है।

प्रश्न 10: "शैतान का सामना करो और वह भाग जाएगा" का असली अर्थ क्या है?

याकूब 4:7 को अक्सर बोला जाता है, लेकिन सही तरह समझा नहीं जाता।
"सामना करो" का अर्थ लगातार संघर्ष करना नहीं, बल्कि दृढ़ता से खड़े रहना है—विरोध करना, उसके विरुद्ध खड़े रहना।
यह घबराहट नहीं, बल्कि स्थिति का प्रश्न है।
आप शैतान का सामना सहमति न देकर करते हैं, न कि केवल चिल्लाकर।

यह वचन "परमेश्वर के अधीन हो जाओ" से शुरू होता है।
यही आधार है।
जब आप अधीन होते हैं, तब विरोध करना आसान हो जाता है।
जब एक सैनिक आदेश के अधीन खड़ा होता है, तो उसके पीछे पूरी सेना

की शक्ति होती है।
आप अकेले नहीं, बल्कि स्वर्ग की सेना के साथ खड़े होते हैं।

"सामना करना" लगातार बने रहने को भी दर्शाता है।
शैतान स्थिर सत्य के सामने भागता है, न कि थोड़े समय की भावना से।
यीशु ने जंगल में तब तक विरोध किया जब तक शैतान चला नहीं गया (मत्ती 4:11)।
उन्होंने उससे बहस नहीं की—उन्होंने वचन बोला और दृढ़ रहे।

भाग जाना का अर्थ यह नहीं कि वह बाद में फिर हमला करेगा; इसका अर्थ है कि वह अपना स्थान खो देता है।
हर बार जब आप सामना करते हैं, तो नरक आपके जीवन में जगह खो देता है।
दुष्ट आत्माएँ वहाँ नहीं रह सकतीं जहाँ उन्हें लगातार रोका जाता है।
अधिकार धैर्य के द्वारा चलता है।

इसलिए "शैतान का सामना करो" का अर्थ है:
परमेश्वर के अधीन रहो, अडिग खड़े रहो, सत्य बोलो, और समझौता न करो।
शत्रु का भागना निश्चित है—आपकी आवाज के कारण नहीं, बल्कि आपकी स्थिरता के कारण।
आत्मिक जगत में स्थिरता सबसे ऊँची गर्जना है।

4

दुष्ट आत्मिक प्रकट होने को पहचानना

प्रश्न 1: कैसे पहचाने कि समस्या आत्मिक (दुष्ट आत्मिक) है या मानसिक (मनोवैज्ञानिक)?

पहचान वहीं शुरू होती है जहाँ सामान्य जाँच खत्म होती है।
मनोविज्ञान पैटर्न को समझता है; आत्मिक पहचान उपस्थिति को पहचानती है।
मानव मन आघात, हार्मोन या आदतों के कारण प्रभावित हो सकता है—लेकिन दुष्ट आत्मिक प्रभाव हमेशा कुछ चिन्ह दिखाता है: बिना कारण पीड़ा, सत्य के प्रति विरोध, और यीशु के नाम से असहजता।
मरकुस 9:18 में एक लड़का गूंगा था और उसे झटके आते थे। लोगों को यह बीमारी लगी, लेकिन यीशु ने "अशुद्ध आत्मा" को डाँटा, बीमारी को नहीं।

पहचान मनोविज्ञान को नकारती नहीं—बल्कि उसे समझती है।
हर समस्या में परतें होती हैं: शारीरिक, भावनात्मक और आत्मिक।
कुछ समस्याएँ शरीर से जुड़ी होती हैं; कुछ आत्मिक आक्रमण होती हैं।
अंतर इस बात में है कि वे अधिकार पर कैसे प्रतिक्रिया देती हैं।

दुष्ट आत्मिक प्रभाव प्रार्थना का विरोध करता है; घायल मन प्रार्थना को स्वीकार करता है।

जब यीशु बोले, तो दुष्ट आत्माएँ चिल्लाईं (मरकुस 1:26)।

पवित्र आत्मा कभी भ्रम या अराजकता नहीं लाता—वह शांति लाता है, चाहे सुधार ही क्यों न हो।

पहचान अनुभव से नहीं, बल्कि परमेश्वर के साथ निकटता से आती है।

"आत्माओं को परखने" का वरदान (1 कुरिन्थियों 12:10) शक नहीं, बल्कि प्रकाशन है।

आप समझ सकते हैं जब तर्क के पीछे अंधकार छिपा होता है।

यीशु ने हर किसी को एक जैसा नहीं माना—कुछ को चंगा किया, कुछ को छुटकारा दिया।

गलत पहचान गलत उपचार देती है—दवा आत्माओं को नहीं निकाल सकती, और चिल्लाना शरीर की समस्या को ठीक नहीं कर सकता।

कई बार पवित्र आत्मा छोटे संकेत देता है—प्रार्थना के प्रति असामान्य विरोध, वचन के प्रति तीखी प्रतिक्रिया, या पवित्र वातावरण में अचानक भारीपन।

ये केवल उदासी के लक्षण नहीं हो सकते—ये प्रकाश और अंधकार के संघर्ष के चिन्ह हो सकते हैं।

आत्मा से भरे हुए विश्वासियों को बाहर कार्य करने से पहले भीतर सुनना सीखना चाहिए।

इसलिए पहचान का अर्थ है पूछना:

"क्या यह समस्या चंगाई का विरोध कर रही है, या उसके पीछे छिपी है?"

जब आत्मा उत्तर देता है, तब बुद्धि आती है।

आपको हाथ रखना है या केवल सुनना है—यह इस बात पर निर्भर करता है कि दर्द के पीछे कौन बोल रहा है।

प्रश्न 2: दुष्ट आत्माएँ धार्मिक भाषा में क्यों छिपती हैं?

दुष्ट आत्माएँ विद्रोह को भक्ति जैसा दिखाती हैं।
प्रेरितों के काम 16:17 में एक दासी लड़की, जिसमें भविष्य बताने की आत्मा थी, पौलुस के पीछे चिल्लाई, "ये लोग परमप्रधान परमेश्वर के दास हैं।"
उसके शब्द सही थे, लेकिन उसका स्रोत गलत था।
नरक कई बार स्वर्ग की भाषा का उपयोग करता है ताकि लोगों को भ्रमित कर सके।
शैतान भी पवित्रशास्त्र का उपयोग करता है—लेकिन वह अधीनता को हटा देता है।

धार्मिक भाषा भ्रष्टता को छिपाने का साधन बन जाती है।
जब कोई दुष्ट आत्मा "पवित्र" शब्दों में बोलती है, तो वह चाहती है कि विश्वासी उसे पहचान न सकें।
इसीलिए 2 कुरिन्थियों 11:14 कहता है, "शैतान भी अपने आप को ज्योति के दूत के समान बना लेता है।"
वह पहले बाहर से हमला नहीं करता—वह भीतर से प्रवेश करता है।

धार्मिक आत्माएँ भक्ति की नकल करती हैं, लेकिन संबंध नहीं होता।
वे "प्रभु यह कहता है" जैसे शब्दों का उपयोग करती हैं, लेकिन आत्मा का फल नहीं दिखता।
वे आराधना गा सकती हैं, लेकिन सुधार को स्वीकार नहीं करतीं।
वे वचन बोल सकती हैं, लेकिन नम्रता से दूर रहती हैं।
यीशु ने ऐसे लोगों को फरीसियों में देखा—जो लंबी प्रार्थनाएँ करते थे, लेकिन प्रेम नहीं रखते थे (मत्ती 23:14)।
उनका घमंड शैतान का मंच बन गया।

दुष्ट आत्माएँ धार्मिक भाषा का उपयोग इसलिए करती हैं क्योंकि धोखा हमेशा भक्ति जैसा दिखता है।
शत्रु जानता है कि यदि वह आपकी आराधना को रोक नहीं सकता, तो वह उसमें शामिल हो जाएगा—ताकि उसका ध्यान बदल सके।
इसीलिए पहचान केवल शब्दों को नहीं, बल्कि बोलने वाले आत्मा को भी परखती है।

इसलिए आध्यात्मिक शब्दों से प्रभावित मत हो—आत्मिक सच्चाई को पहचानो।
सच्चा अभिषेक जुए तोड़ता है; झूठी प्रेरणा अहंकार बढ़ाती है।
जितनी अधिक धार्मिक भाषा होगी, उतना ही ध्यान से उसके पीछे के हृदय को सुनना होगा।

प्रश्न 3: प्रकट होना (manifestation) और छुटकारा (deliverance) में क्या अंतर है?

प्रकट होना दिखाना है; छुटकारा निकाल देना है।
जब दुष्ट आत्मा परमेश्वर की उपस्थिति में आती है, तो वह चिल्ला सकती है, शरीर को हिला सकती है—लेकिन यह विजय नहीं, बल्कि प्रतिक्रिया है।
मरकुस 1:26 में लिखा है कि अशुद्ध आत्मा ने उसे झटके दिए, जोर से चिल्लाई, और फिर निकल गई।
प्रकट होना दिखाई देता है, लेकिन छुटकारा उसका पूरा होना है।

कई लोग गतिविधि को ही अधिकार समझ लेते हैं।
सिर्फ इसलिए कि कुछ प्रतिक्रिया दे रहा है, इसका मतलब यह नहीं कि वह चला गया है।
प्रकट होना कोने में फँसे शत्रु की प्रतिक्रिया है; छुटकारा उसकी हार के बाद का समर्पण है।
इसीलिए यीशु ने शोर को महत्व नहीं दिया—उन्होंने चुप रहने का आदेश दिया।
जब दुष्ट आत्माएँ बोलना चाहती थीं, उन्होंने कहा, “चुप रह” (लूका 4:35)।
सच्चा छुटकारा शांति में होता है, अराजकता में नहीं।

प्रकट होना बंधन की उपस्थिति दिखाता है; छुटकारा शांति को वापस लाता है।
उद्देश्य दुष्ट आत्माओं को दिखाना नहीं, बल्कि अधिकार को दिखाना है।

यीशु ने अंधकार से बातचीत नहीं की—उन्होंने आदेश दिए।
आज कई जगह प्रकट होना मनोरंजन बन गया है, लेकिन छुटकारा प्रदर्शन नहीं—सेवा है।

मरकुस 9 में जब आत्मा लड़के से निकली, तो लोग सोचने लगे कि वह मर गया है—लेकिन यीशु ने उसका हाथ पकड़कर उसे उठाया।
यही छुटकारा है—छोड़ने के बाद जीवन।
व्यक्ति को फिर से आत्मा और वचन से भरना जरूरी है, नहीं तो स्थान खाली रह जाता है (मत्ती 12:44–45)।

इसलिए प्रकट होना तूफान है; छुटकारा सूर्योदय है।
सिर्फ प्रतिक्रिया पर मत रुको—पूरी पुनर्स्थापना तक जाओ।
असली चमत्कार चिल्लाहट नहीं, बल्कि उसके बाद की शांति है।

प्रश्न 4: कभी-कभी दुष्ट आत्माएँ चुप क्यों रहती हैं?

हर आत्मा शोर नहीं करती; कुछ चुप रहना पसंद करती हैं।
चुप्पी उनकी रणनीति होती है।
गदरिनी व्यक्ति के मामले में आत्मा ने तुरंत बात की, लेकिन लूका 13 की झुकी हुई स्त्री में आत्मा 18 साल तक चुप रही।
चुप्पी का मतलब यह नहीं कि कुछ नहीं है—इसका मतलब है कि वह छिपी हुई है।

दुष्ट आत्माएँ चुप रहकर खुद को मानसिक या आदत जैसा दिखाना चाहती हैं।
वे जानती हैं कि अगर वे चुप रहेंगी, तो लोग उन्हें "स्वभाव" या "व्यक्तित्व" कह देंगे।
कुछ आत्माएँ टकराव के बजाय छिपना पसंद करती हैं।
वे एक बार चिल्लाने के बजाय रोज़ धीरे-धीरे झूठ बोलना चाहती हैं।

लेकिन अधिकार आवाज से नहीं, पहचान से चलता है।
यीशु को पहचानने के लिए शोर की ज़रूरत नहीं थी।
उन्होंने बिना बातचीत के उस स्त्री की समस्या को पहचाना।
जब अभिषेक काम करता है, तो चुप्पी भी टूट जाती है।

अंधकार प्रकाश से छिप नहीं सकता, चाहे वह शब्दों से छिपने की कोशिश करे।

चुप आत्माएँ अज्ञान पर जीवित रहती हैं।
अगर विश्वास करने वाला अपने दबाव को पहचान नहीं पाता, तो वे अपनी जगह बनाए रखती हैं।
इसीलिए पहले पहचान, फिर छुटकारा।
परमेश्वर की उपस्थिति में शांति से बैठना कई बार वह दिखाता है जो शोर में छिपा रहता है।

इसलिए जब सब कुछ शांत लगे, तो यह न समझो कि सब ठीक है या सब गलत है।
सुनो।
चुप्पी भी एक आत्मिक स्थिति हो सकती है।
चुप आत्माएँ भी काँपती हैं जब कोई धीरे से कहता है, “यीशु प्रभु है।”
चुप्पी सुरक्षा नहीं—उजागर होने का इंतज़ार हो सकती है।

प्रश्न 5: क्या कोई शांत दिखने वाला व्यक्ति भी दुष्ट आत्मिक प्रभाव में हो सकता है?

हाँ। हर दुष्ट आत्मिक प्रभाव शोर या हिलने-डुलने के रूप में नहीं होता। कुछ लोग चर्च में शांति से बैठे होते हैं, अच्छे कपड़े पहने होते हैं, सही बोलते हैं—लेकिन अंदर से बंधे होते हैं।
मरकुस 1:23 में एक व्यक्ति आराधनालय में ही अशुद्ध आत्मा के साथ था।
सबसे खतरनाक बंधन वह है जो शांत दिखता है।

दुष्ट आत्माएँ वातावरण के अनुसार बदलती हैं।
आत्मिक सभाओं में वे जोर से प्रकट हो सकती हैं; धार्मिक जगहों पर वे सिद्धांतों के पीछे छिपती हैं; और दुनिया में वे तर्क के पीछे छिपती हैं।
शैतान को फर्क नहीं पड़ता कि वह कैसे रहता है—बस वह बना रहे।
यीशु ने कहा, “यदि वह ज्योति जो तुझ में है अंधकार है, तो वह अंधकार कितना बड़ा होगा!” (मत्ती 6:23)।

शांत धोखा भी अंधकार ही है।

कोई व्यक्ति सालों तक कड़वाहट, वासना, घमंड या डर के साथ शांत रह सकता है।

इसका मतलब स्वतंत्रता नहीं—बल्कि छिपा हुआ बंधन है।

कुछ आत्माएँ शांत रहकर नियंत्रण करती हैं; वे उजागर होने से अधिक डरती हैं।

गदरिनी व्यक्ति हिंसक था क्योंकि उसका वातावरण अलग था; लेकिन अन्य लोग अपने वातावरण के अनुसार ढल जाते हैं।

छुटकारा शोर से नहीं, बल्कि फल से पहचाना जाता है।

सच्चा छुटकारा शांति, प्रेम और नम्रता लाता है।

शांत बंधन और शोर वाला बंधन—दोनों को एक ही उद्धारकर्ता की जरूरत है।

तरीका अलग हो सकता है, लेकिन बंधन एक ही है।

इसलिए हाँ—कोई व्यक्ति बाहर से शांत दिख सकता है, लेकिन अंदर से बंधा हो सकता है।

बंधन को केवल बाहरी रूप से मत आँको।

कुछ जेलें काँच की होती हैं—दिखती नहीं, लेकिन असली होती हैं।

स्वतंत्रता की पहचान चुप्पी नहीं, बल्कि यीशु के प्रति समर्पण है।

प्रश्न 6: दुष्ट आत्माएँ निकलते समय खाँसी, चिल्लाहट या उल्टी के रूप में क्यों प्रतिक्रिया देती हैं?

शारीरिक प्रतिक्रियाएँ उस आत्मिक निकलने की बाहरी झलक होती हैं।

जब अशुद्ध आत्मा निकलती है, तो शरीर अक्सर प्रतिक्रिया देता है क्योंकि जो अदृश्य था, वह अब दिखाई देने वाले शरीर से बाहर जा रहा है।

मरकुस 9:26 में आत्मा चिल्लाई, झटके दिए, और जोर से निकल गई।

शरीर ने उस निकलने को महसूस किया।

दुष्ट आत्माएँ शरीर के माध्यम से काम करती हैं—सांस, आवाज और नसों के जरिए।

खाँसी या उल्टी खुद छुटकारा नहीं है—यह केवल संकेत है कि कुछ निकल रहा है।
दुष्ट आत्माएँ आत्मा और शरीर के बीच के क्षेत्र में प्रभाव डालती हैं—भावनाओं, भूख या बोलने पर।
जब पवित्र आत्मा की शक्ति आती है, तो उनका पकड़ ढीला पड़ता है और शरीर प्रतिक्रिया करता है।
यह कोई रहस्यमयी बात नहीं—यह एक प्रकार की प्रक्रिया है।

लेकिन ध्यान प्रतिक्रिया पर नहीं होना चाहिए।
यीशु ने कभी निकलने के तरीके को महत्व नहीं दिया।
उन्होंने केवल आदेश दिया, और आत्माएँ निकल गईं।
चाहे शांत तरीके से जाएँ या जोर से, लक्ष्य केवल स्वतंत्रता है।
शैतान चाहता है कि आप प्रक्रिया में उलझें और परिणाम को भूल जाएँ।

कभी-कभी प्रतिक्रिया की तीव्रता बंधन की गहराई को दिखाती है।
जो आत्मा गहराई से जमी होती है, वह अंतिम तक विरोध करती है।
इसीलिए सेवा करने वाले को शांत और स्थिर रहना चाहिए।
घबराहट विरोध को बढ़ाती है; धैर्य विजय को सुनिश्चित करता है।

इसलिए यदि कोई खाँसता है, चिल्लाता है या उल्टी करता है, तो समझिए—यह दिखावा नहीं, बल्कि आत्मसमर्पण है।
अशुद्ध आत्मा अपना स्थान खो रही है।
स्वर्ग शोर को नहीं गिनता—वह नाम को देखता है जो लिया गया है।

प्रश्न 7: आत्माओं को पहचानने के वरदान (1 कुरिन्थियों 12:10) से कैसे पहचान की जाती है?

आत्माओं को पहचानने का वरदान आत्मिक एक्स-रे की तरह है—यह दिखाता है कि जो दिखाई दे रहा है, उसके पीछे क्या है।
यह शक, भावना या अनुमान नहीं है—यह प्रकाशन है।
पवित्र आत्मा यह प्रकट करता है कि कोई बात परमेश्वर से है, मनुष्य से है, या शैतान से।
प्रेरितों के काम 13:9–10 में पौलुस ने, “पवित्र आत्मा से भरकर,” एलुमा

को देखा और कहा, "हे शैतान के पुत्र।"
यह अनुमान नहीं था—यह पहचान थी।

यह वरदान निकटता से काम करता है, जल्दबाजी से नहीं।
दूरी से सही पहचान नहीं होती।
जितना आप पवित्र आत्मा के साथ चलते हैं, उतनी स्पष्टता आती है।
यह शांत समय और समर्पण में बढ़ता है।
यह संगति का फल है, जिज्ञासा का नहीं।

सच्ची पहचान में दया भी होती है।
यह केवल व्यवहार नहीं, बल्कि बंधन को देखती है।
यीशु ने दुष्ट आत्मा वाले व्यक्ति को देखकर एक ऐसे मनुष्य को देखा जिसे बहाल किया जा सकता था।
यदि प्रेम न हो, तो पहचान आरोप बन जाती है।
प्रकाशन बिना छुटकारे के केवल आलोचना बन जाता है।

यह वरदान वातावरण को भी महसूस करता है।
कभी आप किसी स्थान में अचानक भारीपन, भ्रम या बेचैनी महसूस करते हैं—यह केवल मन की स्थिति नहीं, बल्कि आत्मिक पहचान हो सकती है।
आपके अंदर का पवित्र आत्मा उस जगह की स्थिति को पहचानता है।
ऐसे समय में डरना नहीं—प्रार्थना करना चाहिए।
आप दबने के लिए नहीं, बल्कि व्यवस्था स्थापित करने के लिए वहाँ हैं।

इसलिए आत्माओं को पहचानना मतलब है परमेश्वर की तरह देखना—मूल को पहचानना, केवल रूप को नहीं।
यह एक पवित्र वरदान है जो पवित्रता को सुरक्षित रखता है, धोखे को उजागर करता है, और दिखाता है कि पर्दे के पीछे कौन बोल रहा है।

प्रश्न 8: छुटकारे के समय कुछ लोग गिरते या काँपते क्यों हैं?

शरीर मंदिर है, और जब महिमा विरोध से टकराती है, तो शरीर प्रतिक्रिया करता है।

दानिय्येल 10:8 में भविष्यवक्ता ने कहा, “मुझ में कोई बल न रहा।”
स्वर्ग की उपस्थिति मानव कमजोरी को हिला देती है।
छुटकारे के समय दो शक्तियाँ टकराती हैं—पवित्र आत्मा और अशुद्ध आत्माएँ—और शरीर युद्ध का स्थान बन जाता है।

गिरना हार नहीं—समर्पण है।
कभी यह आत्मा की उपस्थिति का भार होता है; कभी दुष्ट आत्मा संतुलन खो देती है।
मरकुस 5 में व्यक्ति यीशु के सामने गिर पड़ा।
जब स्वर्ग आता है, तो नरक को झुकना पड़ता है।
काँपना भी हो सकता है क्योंकि शक्ति बंधन को तोड़ रही होती है।
जैसे बिजली शरीर को छूती है तो प्रतिक्रिया होती है, वैसे ही महिमा भी प्रभाव डालती है।

लेकिन सावधान रहें—प्रकट होने को ही सत्य न मानें।
हर गिरना छुटकारा नहीं है; हर काँपना आत्मिक अनुभव नहीं है।
कुछ लोग भावनात्मक रूप से प्रतिक्रिया करते हैं, कुछ आत्मिक रूप से।
लक्ष्य परिवर्तन है, न कि प्रदर्शन।
यीशु ने अधिकतर लोगों को उठाया, गिराया नहीं।

पौलुस दमिश्क के रास्ते गिरा, लेकिन बदला हुआ उठा।
जो शक्ति आपको गिराती है, उसे आपको बदलकर उठाना भी चाहिए।
सच्चे छुटकारे का प्रमाण प्रार्थना के दौरान की स्थिति नहीं, बल्कि उसके बाद की शांति है।

इसलिए जब लोग गिरते या काँपते हैं, तो उस पल का सम्मान करें, लेकिन उसके फल को देखें।
सच्चा छुटकारा भ्रम नहीं, स्पष्टता लाता है।
शरीर काँप सकता है—लेकिन आत्मा विश्राम में आ जाती है।

प्रश्न 9: छुटकारे की सभाओं में भावनात्मक उत्साह (हाइप) का क्या खतरा है?

भावना विश्वास को जगा सकती है या उसका नकली रूप बना सकती है। जब उत्साह पवित्रता की जगह ले लेता है, तो दुष्ट आत्माएँ शोर के पीछे छिप जाती हैं।
यीशु को दुष्ट आत्माओं को निकालने के लिए संगीत या माहौल की जरूरत नहीं थी।
उनका अधिकार माहौल पर निर्भर नहीं था—वह खुद माहौल बनाता था।

भावनात्मक उत्तेजना बिना पहचान के धोखा पैदा कर सकती है।
लोग कई बार रोमांच को परमेश्वर की उपस्थिति समझ लेते हैं।
मत्ती 8:16 कहता है, "उसने एक वचन से आत्माओं को निकाल दिया।"
एक वचन—न कि लंबा कार्यक्रम।
जितना अधिक शोर होगा, उतना ही नकली प्रकट होना उसमें छिप सकता है।
शैतान को नाटक पसंद है क्योंकि वह ध्यान भटका देता है।
कोई व्यक्ति घंटों चिल्ला सकता है और फिर भी बंधा रह सकता है।

सच्चा छुटकारा शांति में होता है।
परमेश्वर की आत्मा को उत्साहित करने की जरूरत नहीं होती।
वह विश्वास पर काम करता है, शोर पर नहीं।
भावनात्मक ऊर्जा सेवकों को थका सकती है और लोगों को भ्रमित कर सकती है।
परमेश्वर की शक्ति हवा की तरह काम करती है—महसूस होती है, बनाई नहीं जाती।

अत्यधिक उत्साह ध्यान को यीशु से हटाकर मनुष्य पर ले जाता है।
जब सेवक प्रशंसा चाहते हैं, तो उनका अधिकार कम हो जाता है।
छुटकारा सेवा के बजाय प्रदर्शन बन जाता है।
यीशु ने कई बार लोगों से कहा कि चमत्कार को फैलाओ मत, क्योंकि वे नहीं चाहते थे कि आश्चर्य आराधना की जगह ले ले।

इसलिए हर छुटकारे की सभा में नम्रता और व्यवस्था बनाए रखें।
भावना उपस्थिति के बाद आनी चाहिए, उसकी जगह नहीं लेनी चाहिए।
तेल के बिना आग बुझ जाती है; पहचान के बिना उत्साह दूसरों को जला देता है।

प्रश्न 10: सच्चे छुटकारे की पुष्टि शांति से कैसे होती है?

शांति स्वर्ग की विजय की पहचान है।
जब यीशु ने तूफान को शांत किया, तो "बड़ा शांति छा गया" (मरकुस 4:39)।
ठीक वैसे ही, जब किसी आत्मा को छुटकारा मिलता है, तो वातावरण बदल जाता है—शांति आ जाती है, आँसू बहते हैं, और मन स्थिर हो जाता है।
दुष्ट आत्माएँ अराजकता छोड़ती हैं; पवित्र आत्मा शांति लाता है।

लूका 8:35 में छुटकारा पाए हुए व्यक्ति को यीशु के चरणों में बैठे, वस्त्र पहने और सही समझ में देखा गया।
यही शांति का फल है—विश्राम, व्यवस्था और स्पष्टता।
छुटकारा चिल्लाने से नहीं, बल्कि बाद की शांति से मापा जाता है।
शांति का मतलब है कि जीवन में फिर से सही शासन स्थापित हो गया है।

नरक अशांति लाता है; स्वर्ग मेल लाता है।
सच्ची शांति दिखाती है कि अब स्वामित्व बदल गया है।
जब यीशु जीवन में आता है, तो शोर रुक जाता है।
पुरानी पीड़ाएँ भी धीरे-धीरे अपना प्रभाव खो देती हैं।
फिलिप्पियों 4:7 इसे "परमेश्वर की शांति" कहता है जो समझ से परे है।
यह भावना नहीं—यह प्रमाण है।

शांति चेतावनी का काम भी करती है।
जब यह चली जाती है, तो कुछ गलत हो रहा है।
जो विश्वास करने वाला शांति को पहचानता है, वह खतरे को पहले ही समझ सकता है।
वही आत्मा जो शांति देता है, वही सावधान भी करता है।

इसलिए शांति केवल एहसास नहीं—यह गवाही है।
यह बताती है कि शांति का राजकुमार अब राज्य कर रहा है।

जब शांति बनी रहती है, तो छुटकारा पूरा होता है।
स्वतंत्रता की शांति हजारों आवाजों से अधिक बोलती है।

5

छुटकारे की सेवा के लिए तैयारी

प्रश्न 1: छुटकारे की सेवा करने वाले को पहले स्वयं क्यों छुड़ाया जाना चाहिए?

जो व्यक्ति स्वयं बंधन में है, वह प्रभावी रूप से दूसरों को स्वतंत्र नहीं कर सकता।
जो पात्र अभी भी स्वयं घायल और बह रहा है, वह दूसरों पर सही पट्टी नहीं बाँध सकता।
यीशु ने यूहन्ना 14:30 में कहा, "इस संसार का सरदार आता है, और मुझ में उसका कुछ नहीं।"
यही अधिकार की योग्यता है—आरोप लगाने के लिए शत्रु के पास कोई जगह न हो।
यदि कोई सेवक उसी आत्मा से गुप्त रूप से लड़ रहा है जिसे वह दूसरों से निकालना चाहता है, तो सामना आदेश नहीं, बातचीत बन जाता है।

यीशु ने बारहों को भेजने से पहले उन्हें पहले अपने पास बुलाया (मरकुस 3:13–15)।
उन्होंने उनके हाथों को प्रशिक्षित करने से पहले उनके हृदय को शुद्ध

किया।
व्यक्तिगत स्वतंत्रता आत्मिक जगत में विश्वसनीयता बनाती है।
दुष्ट आत्माएँ पवित्रता का सम्मान करती हैं; वे कपट का लाभ उठाती हैं।
छुटकारा ऊँची आवाज नहीं, बल्कि कानूनी अधिकार की बात है—ऐसा अधिकार जो पवित्रता के द्वारा बहता है।

जो हृदय अभी भी भीतर से चंगा नहीं हुआ, वह युद्ध के लिए उतरने की जगह बन जाता है।
यदि छुटकारा देने वाले के भीतर कड़वाहट, घमंड या वासना है, तो वह पलटवार को आकर्षित कर सकता है।
इसीलिए भजन संहिता 24:3–4 पूछता है, "यहोवा के पर्वत पर कौन चढ़ेगा? वही जिसके हाथ साफ और हृदय शुद्ध हैं।"
आप दूसरों को उन जंजीरों से मुक्त नहीं कर सकते जिन्हें आप भीतर से अब भी पसंद करते हैं।

व्यक्तिगत छुटकारा दया भी पैदा करता है।
तब आप न्याय करने के भाव से नहीं, बल्कि उस दया को याद रखते हुए सेवा करते हैं जिसने आपको उठाया था।
जो लोग स्वयं छुड़ाए गए हैं, वे ऐसी कोमलता लेकर चलते हैं जो धीरे-धीरे जुए तोड़ती है।
स्वतंत्रता सहानुभूति को जन्म देती है।

इसलिए एक सेवक को सबसे पहले अपने भीतर के छुटकारे का पीछा करना चाहिए।
दूसरों के भीतर के अंधकार से बोलने से पहले अपने भीतर उसे शांत करो।
शुद्ध पात्र केवल दुष्ट आत्माओं को नहीं निकालता; वह निवास करती हुई परमेश्वर की उपस्थिति को लेकर चलता है—और वही उपस्थिति असली छुटकारा देती है।

प्रश्न 2: आत्मिक युद्ध में उपवास क्या करता है?

उपवास परमेश्वर को मनाने के लिए नहीं होता—वह आपको सही स्थान पर लाता है।

जब आप शरीर की इच्छाओं को रोकते हैं, तो आप आत्मा की संवेदनशीलता को बढ़ाते हैं।

यीशु ने कहा, “यह जाति प्रार्थना और उपवास के बिना नहीं निकलती” (मत्ती 17:21)।

उपवास शरीर की आवाज को कमजोर करता है ताकि विश्वास की आवाज ऊपर उठ सके।

आप शक्ति कमा नहीं रहे होते—आप रास्ते साफ कर रहे होते हैं।

हर रोकी गई इच्छा पहचान को तेज करती है।

मूसा ने चालीस दिन उपवास किया और प्रकाशन पाया।

दानिय्येल के आंशिक उपवास ने स्वर्गदूतों की सेवा और दर्शन के लिए मार्ग खोला (दानिय्येल 10:2–13)।

उपवास आराम को नीचे उतारता है और दृढ़ विश्वास को ऊपर बैठाता है।

आप सीखते हैं कि मनुष्य केवल रोटी से नहीं, बल्कि परमेश्वर के हर वचन से जीवित रहता है।

दुष्ट आत्माएँ असंयम पर पलती हैं—वासना, पेटूपन, ध्यान भटकना।

जब आप उपवास करते हैं, तो आप उनके प्रभाव को भूखा कर देते हैं।

आप उस वातावरण को हटा देते हैं जिसमें वे फलती-फूलती हैं।

अभिषिक्त और अलग किया गया शरीर अशुद्ध आत्माओं के लिए रहने योग्य घर नहीं रहता।

आपकी भूख आपका हथियार बन जाती है।

छुटकारे की सेवा में उपवास आपकी आत्मिक समझ को सही दिशा देता है।

तब आप वह देख पाते हैं जो दूसरे नहीं देख पाते—दिखाई देने वाले फल के पीछे छिपी जड़।

बात यह नहीं कि आप कितने समय तक नहीं खाते; बात यह है कि आप कितनी स्पष्टता से सुनते हैं।

जो सेवक उपवास करता है, उसकी प्रार्थना में वजन होता है क्योंकि अब

उसकी इच्छाएँ उसके अधिकार को नियंत्रित नहीं करतीं।

इसलिए उपवास दंड नहीं—तैयारी है।

वह शोर को कम करता है, ध्यान को भरता है, और आपके कान को स्वर्ग के आदेश की धुन पर लाता है।

जितना आप अपने आप से खाली होते हैं, उतना ही सामर्थ्य से भरते जाते हैं।

प्रश्न 3: छुटकारा घमंड से नहीं, प्रेम से ही क्यों किया जाना चाहिए?

प्रेम स्वतंत्र करता है; घमंड प्रदर्शन करता है।

जब यीशु ने भीड़ को देखा, तो "उन्हें उन पर तरस आया" (मत्ती 9:36)।

उसी दया ने उन्हें चंगाई और छुटकारे की ओर बढ़ाया, न कि प्रतिस्पर्धा ने।

घमंड शक्ति दिखाना चाहता है; प्रेम लोगों को बहाल करना चाहता है।

प्रेम के बिना किया गया छुटकारा प्रभुत्व या दबाव बन जाता है।

घमंड आपको नायक बनाता है; प्रेम यीशु को चंगाई देने वाला दिखाता है।

फरीसियों ने लोगों को आराधनालयों से बाहर निकाला; यीशु ने लोगों में से दुष्ट आत्माओं को निकाला।

उन्होंने कभी पीड़ितों को तमाशा नहीं बनाया, बल्कि पुत्रों की तरह देखा।

स्नेह के बिना अधिकार कई बार गलत व्यवहार बन जाता है।

पौलुस ने कहा, "यदि मेरे पास पूरा विश्वास हो... पर प्रेम न हो, तो मैं कुछ भी नहीं" (1 कुरिन्थियों 13:2)।

प्रेम सेवक की भी रक्षा करता है।

घमंड पलटवार को बुलाता है क्योंकि उसमें लूसीफर जैसी गंध होती है।

शैतान अपनी प्रकृति को जहाँ भी देखता है, वहाँ पहचान लेता है।

जब नम्रता शासन करती है, तो स्वर्ग रक्षा करता है।

छुटकारा टूटे हुए और नम्र हृदय से बहना चाहिए, न कि डींग मारने से।

करुणा आपको शक्ति के बाद भी व्यक्ति पर केंद्रित रखती है।
आप तब तक प्रार्थना करते हैं जब तक शांति लौट न आए, न कि तब तक जब तक भीड़ खुश न हो जाए।
आप आगे भी साथ देते हैं, सिखाते हैं, और चेलापन करते हैं।
जब शोर रुक जाता है, तब भी प्रेम रुका नहीं रहता।

इसलिए प्रेम में किया गया छुटकारा यीशु की सुगंध लेकर चलता है। जहाँ प्रेम राज्य करता है, वहाँ दुष्ट आत्माओं की रुचि कम हो जाती है—क्योंकि सिद्ध प्रेम भय को निकाल देता है (1 यूहन्ना 4:18), और भय ही नरक की हवा है।

प्रश्न 4: आदेश की ऊँची आवाज से अधिक, उद्देश्य की शुद्धता क्यों महत्वपूर्ण है?

दुष्ट आत्माएँ तेज आवाज से नहीं डरतीं; वे दिशा और शुद्धता से डरती हैं।
ऊँची आवाज लेकिन अशुद्ध उद्देश्य केवल शोर है।
प्रेरितों के काम 19:13–16 यह दिखाता है: सकुवा के पुत्रों ने सही शब्द बोले, लेकिन उनके हृदय सही नहीं थे।
अधिकार उद्देश्य से बहता है।
यदि आपका उद्देश्य घमंड, जिज्ञासा या दिखावा है, तो अभिषेक उसका समर्थन नहीं करेगा।

यीशु ने सरलता से बोला, फिर भी राज्य हिल गए।
उनके आदेशों में अधिकार था क्योंकि उनके हृदय में पिता के साथ पूर्ण मेल था।
उन्होंने कहा, “मैं सदा वही काम करता हूँ जो उसे भाता है” (यूहन्ना 8:29)।
पिता को प्रसन्न करने की इच्छा ने शत्रु के विरुद्ध शक्ति को जन्म दिया।

शुद्ध उद्देश्य आपके शब्दों को भी शुद्ध करता है।
जब हृदय साफ होता है, तो शब्दों में प्रवाह और प्रभाव आता है।

याकूब 5:16 कहता है, "धर्मी जन की प्रभावशाली प्रार्थना बहुत कुछ कर सकती है।"
"धर्मी" का अर्थ केवल ज़ोर से बोलना नहीं, बल्कि सही स्थिति में खड़ा होना है।
पवित्रता हर धीमी आवाज में भी सामर्थ्य जोड़ देती है।

दुष्ट आत्माएँ मनुष्यों से पहले उद्देश्य को पहचान लेती हैं।
यदि आपकी छुटकारे की सेवा आपके अहंकार को खिला रही है, तो वह शत्रु को ही जगह दे रही है।
लेकिन जब उद्देश्य दया हो, तो पवित्र आत्मा हर शब्द का समर्थन करता है जैसे बिजली के पीछे गर्जन।

इसलिए आवाज से पहले उद्देश्य को जाँचो।
यदि आपका हृदय परमेश्वर की महिमा और आत्माओं की बहाली के लिए धड़कता है, तो एक शब्द भी काफी है।
स्वर्ग ध्वनि की लहरें नहीं नापता—वह हृदय की लहरें देखता है।

प्रश्न 5: नम्रता स्वर्गदूतों की सहभागिता को कैसे आकर्षित करती है?

स्वर्गदूत घमंड की ओर नहीं खिंचते; वे सही मेल और व्यवस्था की ओर भेजे जाते हैं।
भजन संहिता 34:7 कहता है, "यहोवा का दूत अपने डरवैयों के चारों ओर डेरा किए रहता है।"
यहाँ "डर" का अर्थ आदर और नम्रता से है।
घमंड व्यवस्था तोड़ता है; नम्रता स्वर्गीय सहायता को बुलाती है।

छुटकारा एक अकेले व्यक्ति का काम नहीं है।
जब दानिय्येल ने प्रार्थना की, तो स्वर्गदूत चले (दानिय्येल 10:12–13)।
जब यीशु गतसमनी में प्रार्थना कर रहे थे, तो स्वर्गदूतों ने उन्हें सामर्थ दी (लूका 22:43)।
नम्रता स्वर्ग और पृथ्वी के बीच संवाद की रेखा को साफ रखती है।

घमंड स्वर्गदूतों को दूर करता है क्योंकि वह विद्रोह जैसा लगता है—और यही कारण था कि कुछ स्वर्गदूत गिरे।
नम्रता मसीह के स्वरूप को दर्शाती है, और स्वर्गदूत मसीह के स्वरूप की सेवा करते हैं।
वे हमारे नाम को नहीं, उसके स्वभाव को पहचानते हैं।
जब वे नम्रता देखते हैं, तो अपने सेनापति की झलक देखते हैं।

एक नम्र सेवक निर्भर रहता है, सुनता है और आज्ञा मानता है।
वह जल्दीबाजी में छुटकारा नहीं करता; वह अदृश्य सहायक शक्तियों के साथ मेल में चलता है।
अक्सर स्वर्गदूत हिंसक प्रकट होने को रोकते हैं, थके हुए सेवकों की रक्षा करते हैं, या आराधना के समय वातावरण को तैयार करते हैं।
आप उन्हें आदेश नहीं देते; आप उनके साथ मेल में काम करते हैं।

इसलिए नम्रता एक आकर्षण बन जाती है।
वह स्वर्ग को संकेत देती है कि यह पात्र महिमा चुराएगा नहीं।
जहाँ नम्रता रहती है, वहाँ स्वर्गदूत इकट्ठा होते हैं।
और जहाँ स्वर्गदूत इकट्ठा होते हैं, वहाँ दुष्ट आत्माएँ तितर-बितर हो जाती हैं।

प्रश्न 6: हर छुटकारे की शुरुआत वचन से क्यों होनी चाहिए?

क्योंकि वचन सत्य को निर्धारित करता है, और सत्य के बिना छुटकारा स्थायी नहीं होता।
यीशु ने कहा, "तुम सत्य को जानोगे, और सत्य तुम्हें स्वतंत्र करेगा" (यूहन्ना 8:32)।
छुटकारा केवल भावना नहीं—यह प्रकाश है।
जब प्रकाश आता है, तो अंधकार के पास कोई तर्क नहीं बचता।

वचन उस कानूनी आधार को उजागर करता है जिसे दुष्ट आत्माएँ पकड़कर बैठी होती हैं।
यह पाप को नाम देता है, अनुग्रह को प्रकट करता है, और क्षमा की

घोषणा करता है।
मत्ती 4 में यीशु ने शैतान को "लिखा है" कहकर हराया।
यदि जीवित वचन ने लिखित वचन का उपयोग किया, तो हमें उससे भी अधिक करना चाहिए।

वचन युद्ध के दौरान सीमाएँ भी तय करता है।
यह सुनिश्चित करता है कि अधिकार शास्त्र पर आधारित रहे, न कि केवल भावनाओं पर।
वचन के बिना जोश अव्यवस्था बन जाता है—ऊर्जा तो होती है, पर दिशा नहीं।
बाइबल तलवार भी है और ढाल भी।
यह झूठ को काटती है और मन की रक्षा भी करती है।

हर छुटकारे की सेवा की शुरुआत और अंत वचन से होना चाहिए।
यह वातावरण को शुद्ध करता है, मन को नया करता है, और उस स्थान को भरता है जो खाली होने वाला है।
भजन संहिता 107:20 कहता है, "उसने अपना वचन भेजा और उन्हें चंगा किया, और उन्हें उनके विनाश से छुड़ाया।"
वचन वह करता है जो केवल चिल्लाने से नहीं होता।

इसलिए वचन से शुरुआत करो क्योंकि यह केवल शिक्षा नहीं—यह स्वयं यीशु की उपस्थिति है।
जब सत्य बोला जाता है, तो यीशु स्वयं वहाँ उपस्थित होते हैं, और कोई भी अंधकार उनके सामने खड़ा नहीं रह सकता।

प्रश्न 7: छुटकारा देने वाले को दुष्ट आत्माओं से लंबी बातचीत क्यों नहीं करनी चाहिए?

यीशु ने कभी दुष्ट आत्माओं से लंबी बातचीत नहीं की।
उन्होंने केवल एक बार नाम पूछा, फिर उन्हें चुप रहने का आदेश दिया (मरकुस 5:9)।
बातचीत दुष्ट आत्माओं को महत्व देती है।
जितना अधिक आप सुनते हैं, उतना अधिक वे झूठ बोलती हैं।

उनकी योजना ध्यान भटकाना है—छुटकारे से बहस की ओर ले जाना।

दुष्ट आत्माएँ ध्यान चाहती हैं क्योंकि उजागर होना उन्हें कमजोर करता है, लेकिन बातचीत उन्हें मजबूत बनाती है।
वे भीड़, ध्यान और सहानुभूति चाहती हैं।
हर मिनट जो आप उन्हें सुनने में लगाते हैं, वह चंगाई से दूर जाता है।
अधिकार बातचीत नहीं करता—वह आदेश देता है।

शैतान की सबसे पुरानी चाल बातचीत ही थी: "क्या सचमुच परमेश्वर ने कहा...?" (उत्पत्ति 3:1)।
हव्वा ने बात करके अपना अधिकार खो दिया, जबकि उसे आदेश देना चाहिए था।
यदि आप बात करते रहेंगे, तो छुटकारा उसी गलती को दोहराएगा।

छोटे आदेश और लंबी शांति—यही यीशु का तरीका था।
उन्होंने प्रदर्शन से अधिक शांति को महत्व दिया।
एक "जा!" एक घंटे की बातचीत से अधिक प्रभावशाली था।
सत्य को झूठ से जानकारी नहीं चाहिए—उसे घोषणा चाहिए।

इसलिए जिज्ञासा को आदेश की जगह मत लेने दो।
दुष्ट आत्माएँ झूठी हैं; उनकी बातें जाल हैं।
आपको उनके बयान की ज़रूरत नहीं—आपके पास मसीह का आदेश पहले से है।

प्रश्न 8: छुटकारा कभी मनोरंजन क्यों नहीं बनना चाहिए?

क्योंकि आत्माएँ पवित्र हैं, प्रदर्शन की वस्तु नहीं।
जब छुटकारा एक शो बन जाता है, तो परमेश्वर का भय चला जाता है।
यीशु ने कहा, "इससे आनन्दित मत हो कि आत्माएँ तुम्हारे अधीन हैं, बल्कि इस बात से आनन्दित हो कि तुम्हारे नाम स्वर्ग में लिखे हैं" (लूका 10:20)।
उन्होंने ध्यान को प्रदर्शन से हटाकर संबंध पर रखा।

मनोरंजन सेवा को प्रचार का साधन बना देता है।
लोग जीवन बहाल करने के बजाय प्रकट होने को रिकॉर्ड करने लगते हैं।
जहाँ पश्चाताप होना चाहिए, वहाँ जिज्ञासा बढ़ने लगती है।
दुष्ट आत्माएँ कैमरे को पसंद करती हैं—उन्हें ध्यान चाहिए।
जो प्रकाश मसीह को दिखाना चाहिए, वह अराजकता को दिखाने लगता है।

छुटकारा एक पवित्र प्रक्रिया है—जहाँ परमेश्वर अपना क्षेत्र वापस लेता है।
यदि इसे हल्के में लिया जाए, तो इसकी गंभीरता खो जाती है।
यीशु ने कई बार लोगों से कहा कि चमत्कार को सार्वजनिक न करें (मरकुस 7:36)।
उन्होंने व्यक्ति की गरिमा को सार्वजनिक ध्यान से अधिक महत्व दिया।

एक सच्चा सेवक लज्जा को ढँकता है, उसे दिखाता नहीं।
जैसे यीशु ने गदरिनी व्यक्ति को वस्त्र पहनाए, वैसे ही हम भी छुड़ाए गए व्यक्ति की रक्षा करते हैं।
दया से भरी सेवा व्यक्ति को भीड़ की जिज्ञासा से बचाती है।

इसलिए यदि कभी छुटकारा आराधना से अधिक तालियाँ पाने लगे, तो रुककर सोचो।
क्रूस केंद्र में होना चाहिए, न कि कैमरा।
स्वतंत्रता कोई प्रदर्शन नहीं—यह एक पवित्र कार्य है।

प्रश्न 9: छुटकारे के दौरान प्रार्थना और आराधना कैसी सुरक्षा देती हैं?

प्रार्थना वातावरण को सुरक्षित करती है; आराधना मेल को मजबूत करती है।
जब एलीशा को प्रकाशन चाहिए था, तो उसने कहा, “मेरे पास एक बाजा बजाने वाला लाओ।”
और जब संगीत बजा, “यहोवा का हाथ उस पर आ गया” (2 राजा

3:15)।
आराधना परमेश्वर की उपस्थिति को आमंत्रित करती है; दुष्ट आत्माएँ उसमें टिक नहीं पातीं।

प्रार्थना सेवक और उस व्यक्ति के चारों ओर सुरक्षा का घेरा बनाती है जिसे छुटकारा मिल रहा है।
यह वातावरण को विश्वास और सहमति से भर देती है।
भजन संहिता 22:3 कहता है, “तू इस्राएल की स्तुति पर विराजमान रहता है।”
जब स्तुति उठती है, परमेश्वर बैठते हैं—और जब वे बैठते हैं, तो कोई अशुद्ध चीज़ खड़ी नहीं रह सकती।

दुष्ट आत्माएँ अराजकता में काम करती हैं।
प्रार्थना व्यवस्था लाती है।
यह स्वर्गदूतों की सहायता को बुलाती है और भय को शांत करती है।
मध्यस्थता करने वाले लोग आत्मिक रूप से रक्षा करते हैं, जैसे युद्ध में सहायता देने वाले।

आराधना उस खाली स्थान को भी भरती है जो छुटकारे के बाद बनता है।
यह स्थान को परमेश्वर की उपस्थिति से भर देती है।
पवित्र आत्मा वहीं निवास करता है जहाँ स्तुति होती है।
इसीलिए यीशु ने कहा, “जब अशुद्ध आत्मा निकल जाती है... वह घर को खाली पाती है।”
यदि आप उसे आराधना से भर देंगे, तो वह वापस नहीं आ सकेगी।

इसलिए प्रार्थना सुरक्षा देती है; आराधना उसे स्थिर करती है।
दोनों मिलकर छुटकारे का आधार बनते हैं।
इनके बिना आत्मिक युद्ध अधूरा है—ये वह वातावरण हैं जिसमें जंजीरें टूटती हैं।

प्रश्न 10: छुटकारे का अंत केवल खाली करने से नहीं, बल्कि भरने से क्यों होना चाहिए?

यदि छुटकारे के बाद जीवन को नहीं भरा गया, तो स्थिति और खराब हो सकती है।
यीशु ने कहा, “जब अशुद्ध आत्मा मनुष्य में से निकल जाती है... वह कहती है, मैं अपने घर लौट जाऊँगी... और उसे खाली पाती है” (मत्ती 12:43-45)।
खालीपन वापसी का निमंत्रण बन जाता है।
स्वतंत्रता के बाद खाली रहना खतरनाक है।

लक्ष्य केवल दुष्ट आत्माओं को निकालना नहीं—बल्कि पवित्र आत्मा का निवास है।
जहाँ पहले बंधन था, वहाँ अब पवित्र आत्मा को बसना चाहिए।
इसका मतलब है कि तुरंत व्यक्ति को आराधना, वचन और संगति में लाना चाहिए।
खालीपन को संबंध से भरना जरूरी है।

भरना शिक्षा से भी जुड़ा है।
मन को नया बनाना जरूरी है, नहीं तो पुराने विचार फिर से दरवाजे खोल देंगे।
रोमियों 12:2 कहता है, “अपने मन के नए हो जाने से बदलते जाओ।”
छुटकारा बाहर निकालता है; चेलापन जीवन को बदलता है।

प्रारंभिक कलीसिया ने यही संतुलन रखा।
जब फिलिप्पुस ने सामरिया में आत्माओं को निकाला, तो पतरस और यूहन्ना आए ताकि लोग पवित्र आत्मा को प्राप्त करें (प्रेरितों के काम 8:14–17)।
छुटकारा दरवाजा खोलता है; पवित्र आत्मा उसे बंद करके सुरक्षित करता है।

इसलिए छुटकारे का अंत चुप्पी से नहीं, बल्कि भरने से होना चाहिए।
पवित्र आत्मा के भरने के लिए प्रार्थना करें, वचन सिखाएँ, और व्यक्ति को संगति से जोड़ें।
खाली पात्र टूट जाते हैं; भरे हुए पात्र बहने लगते हैं।
छुटकारा तब पूरा होता है जब पवित्र आत्मा उसमें रहने लगता है।

6

नाम, लहू और वचन का अधिकार

प्रश्न 1: यीशु के नाम में शक्ति क्यों है?

यीशु का नाम कोई धार्मिक शब्द नहीं—यह एक कानूनी सच्चाई है। फिलिप्पियों 2:9–10 कहता है, "इस कारण परमेश्वर ने उसे अति महान किया और उसे वह नाम दिया जो सब नामों में श्रेष्ठ है, कि यीशु के नाम पर हर एक घुटना टेकें।"

इस नाम में शक्ति इसलिए है क्योंकि यह मृत्यु तक आज्ञाकारिता के द्वारा प्राप्त हुआ है।

क्रूस ने इस नाम को अनन्त महत्व दिया।

स्वर्ग ने इसे ऊँचा किया, नरक इससे डरता है, और पृथ्वी एक दिन इसे स्वीकार करेगी।

बाइबल में नाम स्वभाव और अधिकार को दर्शाता है।

जब आप "यीशु" कहते हैं, तो आप उसके पूरे स्वभाव को बुलाते हैं—उसका पाप रहित जीवन, उसका बहाया हुआ लहू, और मृत्यु पर उसकी विजय।

दुष्ट आत्माएँ शब्दों की ध्वनि से नहीं डरतीं—वे उस अधिकार से डरती हैं जो उनके पीछे है।
जिस आवाज़ ने लूसीफर को स्वर्ग से गिराया, वही शक्ति उस नाम में आज भी है।

यीशु का नाम एक राजकीय आदेश पर हस्ताक्षर जैसा है।
जब कोई विश्वासी उस नाम में प्रार्थना करता है या आदेश देता है, तो स्वर्ग व्यक्ति को नहीं, अधिकार को पहचानता है।
इसीलिए यीशु ने कहा, "जो कुछ तुम मेरे नाम से पिता से मांगोगे, वह तुम्हें देगा" (यूहन्ना 16:23)।
यह मायने नहीं रखता कि कौन बोल रहा है—मायने यह रखता है कि किसका नाम बोला जा रहा है।

दुष्ट आत्माएँ प्रचारकों से नहीं, बल्कि स्थिति से डरती हैं।
जब आप मसीह में खड़े होते हैं, तो उसका नाम आपकी ढाल बन जाता है।
प्रेरितों के काम 19:15 में दुष्ट आत्मा ने कहा, "यीशु को मैं जानता हूँ, और पौलुस को भी; पर तुम कौन हो?"
यह उच्चारण का सवाल नहीं था—यह पहचान का सवाल था।
जिस नाम का आप उपयोग करते हैं, उससे आपका संबंध होना चाहिए।

इसलिए यीशु के नाम में शक्ति है क्योंकि वह उसके व्यक्तित्व का सार है, उसकी विजय का प्रमाण है, और उसके वाचा की मुहर है।
जब यह नाम एक समर्पित विश्वासी के द्वारा बोला जाता है, तो नरक को क्रूस की गर्जना फिर से सुनाई देती है।

प्रश्न 2: यीशु का लहू हाबिल के लहू से बेहतर बातें कैसे कहता है?

इब्रानियों 12:24 कहता है कि यीशु का लहू "हाबिल के लहू से उत्तम बातें कहता है।"
हाबिल का लहू बदला मांगता था; यीशु का लहू दया की घोषणा करता है।
एक दंड चाहता था; दूसरा क्षमा देता है।

यह लहू चुप नहीं है—यह आज भी स्वर्ग और पृथ्वी के सामने गवाही देता है कि उद्धार पूरा हो चुका है।

हाबिल का लहू भूमि पर गिरा और कैन को दोषी ठहराया, लेकिन यीशु का लहू दया के आसन को छूकर सारी सृष्टि को शुद्ध करता है।
यह आज भी हर आरोप के ऊपर "क्षम किया गया" घोषित करता है।
जब आप लहू का उल्लेख करते हैं, तो आप कोई विधि नहीं दोहरा रहे होते—आप उसकी गवाही से सहमत हो रहे होते हैं।
स्वर्ग का न्यायालय इसे हर समय सुनता है।

लहू स्वामित्व को भी दर्शाता है।
प्रेरितों के काम 20:28 कहता है कि कलीसिया "उसके अपने लहू से खरीदी गई।"
इसका मतलब है कि जो पहले ही खरीदा जा चुका है, उस पर दुष्ट आत्माओं का कोई अधिकार नहीं।
हर बूंद एक दावा समाप्त कर देती है।
जब शैतान आरोप लगाता है, तो लहू कहता है, "पूरा भुगतान हो चुका है।"

लहू छुटकारे में भी बोलता है।
प्रकाशितवाक्य 12:11 कहता है, "उन्होंने मेम्ने के लहू और अपनी गवाही के वचन के कारण उस पर जय पाई।"
लहू आरोप को शांत करता है; गवाही उसे लागू करती है।
दोनों मिलकर नरक के हर आरोप को समाप्त करते हैं।

इसलिए जब आप लहू की घोषणा करते हैं, तो याद रखें—आप सुरक्षा नहीं मांग रहे, बल्कि भुगतान की याद दिला रहे हैं।
हाबिल का लहू भूमि से पुकारा; यीशु का लहू सिंहासन से बोलता है।
एक ने न्याय मांगा; दूसरा स्वयं न्याय बन गया।

प्रश्न 3: विश्वास से बोला गया पवित्रशास्त्र दुष्ट आत्माओं को क्यों डराता है?

क्योंकि पवित्रशास्त्र परमेश्वर की आवाज़ है जो लिखित रूप में है।
जब इसे विश्वास से बोला जाता है, तो यह उसी परमेश्वर की वर्तमान आवाज़ बन जाता है जिसने संसार की रचना की।
इब्रानियों 4:12 कहता है, "परमेश्वर का वचन जीवित और प्रभावशाली है।"
"जीवित" का मतलब है कि यह कभी समाप्त नहीं होता; "प्रभावशाली" का मतलब है कि यह काम करता है।

दुष्ट आत्माएँ आपकी राय से नहीं डरतीं—वे परमेश्वर की व्यवस्था से डरती हैं।
वचन जहाँ बोला जाता है, वहाँ व्यवस्था लौट आती है।
जंगल में यीशु ने शैतान से बहस नहीं की—उन्होंने वचन बोला।
हर "लिखा है" ने स्वर्ग के आदेश को पृथ्वी पर स्थापित किया।
शैतान सत्य के सामने टिक नहीं पाया और चला गया।

विश्वास वचन को सक्रिय करता है, जैसे बिजली तार में बहती है।
पन्नों पर लिखा वचन सम्भावना है; आपके मुँह में बोला गया वचन शक्ति है।
यिर्मयाह 23:29 कहता है, "क्या मेरा वचन आग के समान नहीं?"
जब यह विश्वास से बोला जाता है, तो यह दुष्ट आत्माओं के झूठ को जला देता है।
हर झूठ के लिए एक वचन है जो उसे समाप्त करता है।

दुष्ट आत्माएँ जानती हैं कि वचन किसने लिखा—उन्होंने उसी से सृष्टि को बनते देखा है।
जब आप पवित्र आत्मा के अभिषेक में वचन बोलते हैं, तो ऐसा लगता है जैसे स्वयं लेखक बोल रहा है।
इसीलिए स्वर्गदूत भी वचन पर कार्य करते हैं (भजन संहिता 103:20)।

इसलिए दुष्ट आत्माएँ कागज की आवाज से नहीं, बल्कि विश्वास से बोले गए सत्य से डरती हैं।
आपके मुँह में बाइबल स्वर्ग का हथौड़ा है—इसे बार-बार चलाइए, कोई भी जंजीर टिक नहीं सकती।

प्रश्न 4: वचन आपके मुँह में हथियार कैसे बनता है?

वचन तब हथियार बनता है जब वह विश्वास के साथ बोला जाता है। इफिसियों 6:17 इसे "आत्मा की तलवार" कहता है। यह आपकी तलवार नहीं—यह पवित्र आत्मा की तलवार है। जब आप वचन बोलते हैं, तो पवित्र आत्मा उसे सही तरीके से उपयोग करता है।

जो तलवार इस्तेमाल नहीं होती, वह जंग खा जाती है। जो विश्वासी वचन नहीं बोलता, वह बिना हथियार के लड़ता है। जब आप अंधकार के सामने परमेश्वर का वचन बोलते हैं, तो आप अदृश्य जगत को ईश्वरीय व्यवस्था याद दिलाते हैं। दुष्ट आत्माएँ झूठ पर काम करती हैं; वचन उनके झूठ को उजागर करता है। सत्य बहस नहीं करता—वह निर्णय देता है।

यीशु ने तरीका दिखाया: जो लिखा है, वही बोलो, जो महसूस हो रहा है वह नहीं। भावनाएँ हार दिखाती हैं; वचन प्रभुत्व स्थापित करता है। "मुझे डर लग रहा है" कहना डर को बढ़ाता है, लेकिन "परमेश्वर ने मुझे भय की आत्मा नहीं दी" (2 तीमुथियुस 1:7) कहना डर को काट देता है।

वचन इसलिए काम करता है क्योंकि उसमें सृजन की शक्ति है। यशायाह 55:11 कहता है, "वह व्यर्थ लौटकर नहीं आएगा।" जब आप इसे बोलते हैं, तो यह कार्य करने के लिए जाता है। आप धीरे भी बोलें, तो भी स्वर्ग उसे गर्जना की तरह सुनता है।

इसलिए आपके मुँह में वचन केवल बात नहीं—यह युद्ध है। हर बार जब आप सत्य बोलते हैं, तो आप अनन्तकाल में बनी तलवार निकालते हैं। उसे तब तक बोलो जब तक वातावरण बदल न जाए।

प्रश्न 5: विश्वासियों को "शैतान मुझ पर हमला कर रहा है" कहना छोड़कर विजय की घोषणा क्यों करनी

चाहिए?

क्योंकि आपके शब्द वातावरण को बनाते हैं।
नीतिवचन 18:21 कहता है, "जीवन और मृत्यु जीभ के वश में हैं।"
जब आप बार-बार कहते हैं, "शैतान मुझ पर हमला कर रहा है," तो आप शत्रु को बड़ा बनाते हैं, न कि परमेश्वर की उपस्थिति को।
विश्वास युद्ध को नकारता नहीं—वह परिणाम की घोषणा करता है।

यीशु ने कभी नहीं कहा, "शैतान बहुत व्यस्त है।"
उन्होंने कहा, "पूरा हुआ" (यूहन्ना 19:30)।
क्रूस ने संघर्ष को खत्म नहीं किया—उसका परिणाम तय कर दिया।
जब आप विजय बोलते हैं, तो आप उसी पूर्ण कार्य के साथ अपने जीवन को मिलाते हैं।
दुष्ट आत्माएँ ध्यान चाहती हैं—उन्हें बढ़ावा देना बंद करें।

विजय की घोषणा इनकार नहीं—प्रभुत्व है।
रोमियों 8:37 में पौलुस कहता है, "हम इन सब बातों में जय से भी बढ़कर हैं।"
ध्यान दें—"इन सब में," न कि उनके बाद।
युद्ध के बीच में भी आपकी पहचान विजय है।

हार की बात करते रहना डर और थकान को बढ़ाता है।
लेकिन युद्ध में भी आराधना करना ध्यान को शत्रु से हटाकर यीशु पर ले आता है।
दाऊद ने कहा, "मैं हर समय यहोवा को धन्य कहूँगा" (भजन संहिता 34:1)।
इसी तरह उसने गोलियत को हराया।

इसलिए युद्ध की कहानी मत सुनाओ—विजय की घोषणा करो।
शैतान का नाम आपकी रोज़ की बातों में नहीं होना चाहिए—यीशु का नाम होना चाहिए।
आप घिरे हुए पीड़ित नहीं—आप शांति को लागू करने वाले विजेता हैं।

प्रश्न 6: धन्यवाद (Thanksgiving) दुष्ट आत्मिक वातावरण को कैसे तोड़ देता है?

धन्यवाद छिपा हुआ आत्मिक युद्ध है।
भजन संहिता 100:4 कहता है, "उसके फाटकों में धन्यवाद करते हुए प्रवेश करो।"
कृतज्ञता आपको परमेश्वर की उपस्थिति में प्रवेश देती है।
जब आप युद्ध के बीच में भी परमेश्वर का धन्यवाद करते हैं, तो आप घोषित करते हैं कि उसकी भलाई शत्रु की चालों से बड़ी है।
दुष्ट आत्माएँ कृतज्ञता के वातावरण में टिक नहीं पातीं, क्योंकि घमंड वहाँ सांस नहीं ले सकता।

2 इतिहास 20 में यहोशापात ने सैनिकों से पहले गाने वालों को भेजा।
जब वे गा रहे थे, "यहोवा का धन्यवाद करो, क्योंकि उसकी करुणा सदा की है," तब परमेश्वर ने शत्रुओं के विरुद्ध घात लगाए।
आराधना युद्ध बन गई; धन्यवाद गर्जना बन गया।
कृतज्ञता शांति को हथियार बना देती है।

धन्यवाद आपका ध्यान समस्या से हटाकर परमेश्वर की उपस्थिति पर ले जाता है।
दुष्ट आत्माएँ ध्यान पर पलती हैं।
जितना आप शत्रु के काम के बारे में बोलते हैं, उतना आप डर को बढ़ाते हैं।
लेकिन जैसे ही आप परमेश्वर का धन्यवाद करते हैं, वातावरण बदल जाता है।
कृतज्ञता नरक को याद दिलाती है कि विजय पहले ही पूरी हो चुकी है।

यह आपके मन को भी स्थिर करता है।
फिलिप्पियों 4:6–7 कहता है कि जब आप धन्यवाद के साथ प्रार्थना करते हैं, तो परमेश्वर की शांति आपके हृदय और मन की रक्षा करती है।
कृतज्ञता एक किला बनाती है जहाँ चिंता टिक नहीं सकती।
शांति यह प्रमाण बन जाती है कि परमेश्वर राज्य कर रहा है।

इसलिए धन्यवाद दुष्ट दबाव को तोड़ देता है क्योंकि यह राजा को बातचीत में लाता है।
जहाँ आनंद होता है, वहाँ शत्रु भागता है।
हर "धन्यवाद, यीशु" डर के दरवाजे को बंद करता है और विश्वास की तुरही बजाता है।

प्रश्न 7: जब कोई विश्वासी कहता है "लिखा है," तब क्या होता है?

जब आप कहते हैं "लिखा है," तो आप केवल उद्धरण नहीं दे रहे—आप आदेश लागू कर रहे हैं।
आप उस ईश्वरीय नियम को बुला रहे हैं जिसे नरक भी मानता है।
यीशु ने मत्ती 4 में यही किया।
हर बार जब शैतान ने परीक्षा ली, उन्होंने वचन से उत्तर दिया।
"लिखा है" बहस को खत्म करता है—यह अधिकार स्थापित करता है।

लिखा हुआ वचन स्वर्ग का कानूनी दस्तावेज है।
शैतान नियमों को समझता है।
जब आप वचन बोलते हैं, तो आप उसे उसकी हार याद दिलाते हैं।
क्रूस पर निर्णय हो चुका है।
आपकी घोषणा उस निर्णय को लागू करती है।

"लिखा है" आपके मन को भी स्थिर करता है।
डर या उलझन के समय, वचन विश्वास को स्थिर करता है।
भावनाएँ बदलती रहती हैं, लेकिन वचन स्थिर रहता है।
जब शैतान ने यीशु से कहा, "यदि तू परमेश्वर का पुत्र है...," तो यीशु ने बहस नहीं की—उन्होंने वचन बोला।

हर "लिखा है" अंधकार पर बिजली की तरह गिरता है।
यह दुष्ट आत्माओं को बताता है कि यह क्षेत्र नियंत्रित है।
आप बहस नहीं कर रहे—आप नियम लागू कर रहे हैं।
स्वर्ग इसे अधिकार के सक्रिय होने के रूप में पहचानता है।

इसलिए जब परीक्षा आए, तो जो लिखा है उसे बोलो।
जब डर चिल्लाए, तो वचन से उत्तर दो।
जिस वचन ने जंगल में शैतान को चुप कराया, वही आपके घर में भी उसे चुप कर देगा।
नरक बहस करता है; स्वर्ग आदेश देता है।

प्रश्न 8: यीशु ने शैतान को हथियारों से नहीं, बल्कि शब्दों से क्यों हराया?

क्योंकि आत्मिक युद्ध के लिए आत्मिक साधनों की आवश्यकता होती है।
इफिसियों 6:12 कहता है कि हमारा संघर्ष शरीर और लहू से नहीं है।
यीशु स्वर्गदूतों को बुला सकते थे, लेकिन उन्होंने वचन का उपयोग किया।
उन्होंने दिखाया कि परमेश्वर का अधिकार घोषणा के द्वारा काम करता है, न कि विनाश के द्वारा।

शब्द वास्तविकता के बीज हैं।
उत्पत्ति 1 में परमेश्वर ने बोला और सृष्टि बन गई।
शैतान ने इस सिद्धांत को धोखे के द्वारा बिगाड़ने की कोशिश की।
यीशु ने इसे आज्ञाकारिता के द्वारा पुनः स्थापित किया।
जब उन्होंने कहा, "दूर हो, शैतान!" (मत्ती 4:10), तो उन्होंने मनुष्य का खोया हुआ अधिकार वापस दिखाया।

हथियार नष्ट करते हैं; शब्द सृजन करते हैं।
यीशु मनुष्यों को नष्ट करने नहीं, बल्कि बचाने आए थे।
यदि वे शारीरिक रूप से लड़ते, तो विजय अस्थायी होती।
लेकिन सत्य बोलकर उन्होंने एक स्थायी मार्ग स्थापित किया—कि जीभ संसार की दिशा बदल सकती है।

दुष्ट आत्माएँ सत्य से डरती हैं क्योंकि वे झूठ से बनी हैं।
हर विश्वास से बोला गया शब्द उनके अस्तित्व को कमजोर करता है।
नीतिवचन 18:21 कहता है, "जीवन और मृत्यु जीभ के वश में हैं।"

यीशु ने अपनी जीभ का उपयोग झूठ को खत्म करने और छुटकारा लाने के लिए किया।

इसलिए उन्होंने शब्दों से शैतान को हराया ताकि हमें सिखा सकें कि असली शक्ति शोर या हिंसा में नहीं, बल्कि सत्य के साथ मेल में है। आपकी आवाज, जब वचन से भरी होती है, तब वह पृथ्वी का सबसे शक्तिशाली हथियार बन जाती है।

प्रश्न 9: प्रभु भोज (Communion) दुष्ट आत्माओं पर क्रूस की विजय को कैसे लागू करता है?

प्रभु भोज कोई रीति नहीं—यह अधिकार के साथ स्मरण है।
जब यीशु ने कहा, "मेरी स्मृति में यह किया करो" (लूका 22:19), तो वह केवल याद करने के लिए नहीं, बल्कि आत्मिक कार्य के लिए था।
हर बार जब विश्वासी रोटी खाते और कटोरा पीते हैं, वे क्रूस की विजय को वर्तमान में घोषित करते हैं।

1 कुरिन्थियों 11:26 कहता है, "जब-जब तुम यह रोटी खाते और यह कटोरा पीते हो, तुम प्रभु की मृत्यु का प्रचार करते हो।"
प्रचार का मतलब है सार्वजनिक घोषणा।
प्रभु भोज उस विजय को दोहराता है।
दुष्ट आत्माएँ इससे घृणा करती हैं क्योंकि यह उन्हें उनकी हार याद दिलाता है—कोड़े, लहू और खाली कब्र।

रोटी उसके टूटे हुए शरीर को दर्शाती है जो हमें चंगा करता है (यशायाह 53:5)।
कटोरा उसके लहू को दर्शाता है जो वाचा को स्थापित करता है।
दोनों मिलकर घोषणा करते हैं कि अब नरक का कोई अधिकार नहीं।
जब आप विश्वास से भाग लेते हैं, तो आप अपने वाचा को नवीनीकृत करते हैं।

प्रभु भोज स्थान को भी पवित्र करता है।
यह एक साधारण मेज को वेदी में बदल देता है।
जहाँ स्मरण प्रकाश बन जाता है, वहाँ अंधकार टिक नहीं सकता।

इसीलिए प्रारंभिक कलीसिया हर दिन रोटी तोड़ती थी—वे विजय के वातावरण को बनाए रखते थे।

इसलिए प्रभु भोज केवल प्रतीक नहीं—यह घोषणा है।
हर घूंट कहता है, “लहू अभी भी बोलता है।”
हर कौर कहता है, “शरीर अभी भी चंगा करता है।”
नरक इसे सुनकर काँपता है।
क्रूस की घोषणा आपके हाथों में फिर से होती है।

प्रश्न 10: शैतान आराधना से नफरत क्यों करता है?

क्योंकि आराधना उसे बिना बहस के हटा देती है।
शैतान की पहली इच्छा आराधना थी (यशायाह 14:13–14)।
वह वही चाहता था जो वह कभी पा नहीं सका।
हर बार जब आप आराधना करते हैं, तो आप उसे याद दिलाते हैं कि वह वह चीज़ खो चुका है।
आराधना विद्रोह के खिलाफ समर्पण है—और यही उसकी हार है।

आराधना आपका ध्यान युद्ध से हटाकर आश्चर्य पर ले जाती है।
जब पौलुस और सीलास जेल में भजन गा रहे थे, तो “जेल की नींव हिल गई” (प्रेरितों के काम 16:25–26)।
आराधना ने कैदखाने को मंदिर बना दिया और जंजीरों को तोड़ दिया।
जहाँ स्तुति होती है, वहाँ दुष्ट आत्माएँ टिक नहीं पातीं—यह घमंड को खत्म कर देती है।

शैतान आराधना से डरता है क्योंकि यह व्यवस्था को फिर से स्थापित करती है।
जब आप आराधना करते हैं, तो आप उसका स्थान ले लेते हैं।
वह कभी महिमा से घिरा हुआ स्वर्गदूत था; अब वह देखता है कि मनुष्य वही कर रहे हैं जो वह खो चुका है।
हर “हल्लेलूयाह” उसे नीचा दिखाता है।

आराधना उपस्थिति को बुलाती है, और उपस्थिति अधिकार को लाती है।

भजन संहिता 22:3 कहता है कि परमेश्वर स्तुति पर विराजमान होता है।
जब सिंहासन कमरे में स्थापित होता है, तो कोई अन्य शक्ति वहाँ नहीं बैठ सकती।
आराधना संगीत नहीं—यह राज्य की स्थापना है।

इसलिए शैतान आराधना से नफरत करता है क्योंकि यह उसे उसकी हार और आपकी जीत याद दिलाती है।
हर गीत जो आप गाते हैं, आत्मा में तलवार बन जाता है।
आप केवल जीवित रहने के लिए नहीं गाते—आप राज्य करने के लिए गाते हैं।

7

प्रारंभिक कलीसिया में छुटकारा

प्रश्न 1: प्रेरितों ने प्रेरितों के काम में दुष्ट आत्मिक शक्तियों से कैसे निपटा?

प्रेरितों के काम केवल कलीसिया का इतिहास नहीं—यह चलते हुए छुटकारे का वर्णन है।
शुरुआत से ही कलीसिया सिद्धांत में नहीं, बल्कि सामर्थ में जन्मी थी।
प्रेरितों के काम 5:16 कहता है, "लोग बीमारों और अशुद्ध आत्माओं से पीड़ित लोगों को लाते थे, और सब चंगे हो जाते थे।"
प्रेरितों ने दुष्ट आत्माओं से बहस नहीं की—उन्होंने उन पर अधिकार किया।
वे जानते थे कि अधिकार पुनरुत्थान का प्रमाण है।

पतरस, जो पवित्र आत्मा से भरा हुआ था, डरते हुए नहीं, बल्कि अधिकार से बोला।
उसकी छाया से भी लोग चंगे होते थे क्योंकि मसीह का जीवन उसमें था।
पौलुस ने उन नगरों में आत्माओं को निकाला जहाँ मूर्तिपूजा का राज था।

उनके लिए छुटकारा कोई विशेष कार्यक्रम नहीं—यह सामान्य राज्य का जीवन था।
जहाँ भी उन्होंने प्रचार किया, वहाँ दुष्ट आत्माएँ प्रकट हुईं—क्योंकि सत्य ने उनके क्षेत्र में प्रवेश किया।

उनकी शक्ति किसी विधि में नहीं, बल्कि परमेश्वर की उपस्थिति में थी।
प्रेरितों के काम 4:13 कहता है कि लोगों ने देखा कि वे "यीशु के साथ रहे थे।"
यही रहस्य है—निकटता से शक्ति आती है।
जो आवाज तूफान को शांत करती थी, वही अब इन साधारण लोगों के द्वारा बोल रही थी।
वे केवल शब्द नहीं दोहरा रहे थे—वे उपस्थिति को प्रकट कर रहे थे।

प्रारंभिक कलीसिया ने प्रचार और छुटकारे को अलग नहीं किया।
राज्य का संदेश अपने आप अंधकार को चुनौती देता था।
जब सत्य पूरी तरह बोला जाता है, तो झूठ अपने आप प्रकट हो जाता है।
दुष्ट आत्माएँ इसलिए नहीं आईं क्योंकि प्रेरित उन्हें खोज रहे थे—वे इसलिए प्रकट हुईं क्योंकि प्रकाश उनके छिपने के स्थान में आ गया।

इसलिए प्रेरितों ने दुष्ट आत्माओं से निपटा क्योंकि वे निरंतर परमेश्वर की उपस्थिति लेकर चलते थे।
उन्होंने छुटकारा केवल किया नहीं—उन्होंने उसे जिया।
उनका जीवन ही नरक के लिए परेशानी बन गया, और उनकी आज्ञाकारिता ने उसे खाली कर दिया।

प्रश्न 2: पौलुस ने दासी लड़की में से भविष्य बताने वाली आत्मा क्यों निकाली?

प्रेरितों के काम 16:16–18 में एक दासी लड़की का वर्णन है जिसमें भविष्य बताने वाली आत्मा थी।
वह पौलुस और सीलास के पीछे चलकर कहती थी, "ये लोग परमप्रधान परमेश्वर के दास हैं।"

उसके शब्द सही थे, लेकिन उसकी आत्मा गलत थी।

यही भविष्यवाणी की आत्मा का धोखा है—यह बिना समर्पण के प्रकाशन की नकल करती है।

पौलुस ने शब्दों के पीछे की आत्मा को पहचाना और अंधकार की प्रशंसा को अस्वीकार कर दिया।

कई दिनों तक पौलुस ने उसे अनदेखा किया, जब तक पवित्र आत्मा ने उसे सामना करने को नहीं कहा।

तब उसने मुड़कर कहा, "मैं तुझे यीशु मसीह के नाम में आज्ञा देता हूँ कि इसमें से निकल जा।"

और वह आत्मा तुरंत निकल गई।

पौलुस जानता था कि जब सत्य अशुद्धता के साथ मिल जाता है, तो वह धोखा बन जाता है।

यदि प्रशंसा भी नरक से आती है, तो वह वातावरण को दूषित करती है।

इस कार्य ने उस नगर की अर्थव्यवस्था को हिला दिया क्योंकि उसकी भविष्यवाणी से पैसा आता था।

छुटकारा हमेशा उन व्यवस्थाओं को तोड़ता है जो बंधन पर आधारित होती हैं।

उसके मालिकों ने पौलुस को जेल में डाला क्योंकि स्वतंत्रता ने उनके लाभ को खत्म कर दिया।

सच्चा छुटकारा केवल आत्माओं को नहीं, बल्कि उन प्रणालियों को भी चुनौती देता है जो उन पर निर्भर हैं।

पौलुस की साहस दिखाता है कि अधिकार को अनुमति की नहीं, बल्कि पहचान की आवश्यकता होती है।

उसने घंटों तक नहीं चिल्लाया—एक आदेश ने वर्षों की गुलामी समाप्त कर दी।

जब आत्मा निकली, तो एक आवाज जो नरक के लिए उपयोग हो रही थी, अब स्वर्ग के लिए मुक्त हो गई।

इसलिए पौलुस ने उस आत्मा को निकाला ताकि संदेश शुद्ध रहे और यह दिखाए कि परमेश्वर की आवाज को नकली सहारे की आवश्यकता नहीं।

शैतान सत्य की नकल कर सकता है, लेकिन उसे जी नहीं सकता।
पौलुस ने नकल को चुप कराया ताकि सच्चा प्रकाश प्रकट हो सके।

प्रश्न 3: सकुवा के सात पुत्रों से हमें क्या सीख मिलती है?

प्रेरितों के काम 19:13–16 एक चेतावनी और शिक्षा दोनों है।
सात लोगों ने यीशु के नाम का उपयोग करने की कोशिश की, लेकिन वे स्वयं यीशु को नहीं जानते थे।
उन्होंने कहा, "हम तुम्हें उस यीशु के नाम से निकालते हैं जिसका प्रचार पौलुस करता है।"
दुष्ट आत्मा ने उत्तर दिया, "यीशु को मैं जानता हूँ, और पौलुस को भी; पर तुम कौन हो?"
और फिर उसने उन पर हमला किया।
अधिकार उधार नहीं लिया जा सकता—यह भीतर से आता है।

उनकी असफलता सिखाती है कि शक्ति के पास रहना और उसमें भाग लेना अलग बात है।
उन्होंने पौलुस को सुना, उसकी विधि देखी, उसके शब्द दोहराए—लेकिन उसके जैसा समर्पण नहीं था।
यीशु का नाम केवल वाचा के माध्यम से काम करता है, जिज्ञासा से नहीं।
आत्मिक जगत तुरंत पहचान लेता है कि कौन सच्चा है।

इस घटना ने नकली छुटकारे को भी उजागर किया।
इफिसुस में आत्मा निकालना एक व्यापार बन गया था—लोग इसे पैसे के लिए करते थे।
सकुवा के पुत्र पेशेवर थे, लेकिन उनके पास पवित्रता नहीं थी।
परिणाम यह हुआ कि वे नंगे और घायल होकर भागे—यह दिखाता है कि घमंड पवित्रता की नकल नहीं कर सकता।

फिर भी उनकी असफलता ने सुसमाचार को आगे बढ़ाया।
प्रेरितों के काम 19:17 कहता है, "सब पर भय छा गया और प्रभु यीशु का नाम महान ठहराया गया।"

परमेश्वर ने इस घटना को शिक्षा बना दिया।
लोगों ने सीखा कि केवल सच्चा ही अधिकार रखता है।

इसलिए उनसे यह सीख मिलती है: जो चीज़ आत्मा से मिलती है, उसकी नकल नहीं की जा सकती।
संबंध के बिना शक्ति केवल प्रदर्शन है।
नरक दोहराव से नहीं डरता—वह सच्चे प्रकाशन से डरता है।

प्रश्न 4: छुटकारे ने नगरों में जागृति (revival) का द्वार कैसे खोला?

छुटकारा आत्मिक दीवारों को गिरा देता है—ताकि सुसमाचार प्रवेश कर सके।
प्रेरितों के काम 8 में फिलिप्पुस सामरिया गया, जो जादू-टोने से भरा हुआ था।
वहाँ लिखा है कि "अशुद्ध आत्माएँ चिल्लाती हुई बहुतों में से निकल गईं... और उस नगर में बड़ा आनंद हुआ।"
छुटकारे के बाद आनंद आता है क्योंकि स्वतंत्रता पवित्र आत्मा के लिए जगह बनाती है।

सामरिया की जागृति संगीत से नहीं, बल्कि आत्मिक प्रकट होने से शुरू हुई।
जब प्रकाश आया, तो अंधकार को जाना पड़ा।
फिलिप्पुस ने शमौन जादूगर से बहस नहीं की—उसने उसे हटा दिया।
दुष्ट आत्माएँ निकलीं, और लोगों के दिल खुल गए।
छुटकारे ने वचन के बीज के लिए भूमि तैयार की।

हर जागृति में दुष्ट आत्माओं के साथ टकराव हुआ है।
इफिसुस में लोगों ने जादू की किताबें जला दीं (प्रेरितों के काम 19:19)।
जब लोग बंधन से मुक्त होते हैं, तो वे उन चीजों को छोड़ देते हैं जो उन्हें बांधती थीं।
जागृति केवल उत्साह नहीं—यह पवित्रता की बहाली है।

छुटकारा क्षेत्रीय आत्माओं को भी तोड़ता है।
एक व्यक्ति की स्वतंत्रता पूरे नगर का द्वार बन सकती है।
गदरिनी व्यक्ति के छुटकारे के बाद उसने अपने क्षेत्र में जाकर यीशु का प्रचार किया।
जो स्थान पहले यीशु को अस्वीकार करता था, वही बाद में उसे स्वीकार करने लगा।

इसलिए छुटकारा नगरों को खोलता है क्योंकि यह आत्मिक कब्जे को हटाता है।
जब बंधन जाता है, तो आशीष आती है।
एक व्यक्ति की स्वतंत्रता दूसरे के अंधकार में प्रकाश बन जाती है।

प्रश्न 5: पौलुस के अभिषेक पर दुष्ट आत्माएँ इतनी तीव्र प्रतिक्रिया क्यों देती थीं?

क्योंकि अभिषेक अदृश्य को प्रकट कर देता है।
प्रेरितों के काम 19:11–12 कहता है कि परमेश्वर ने पौलुस के हाथों से अद्भुत काम किए।
यहाँ तक कि उसके कपड़े भी दुष्ट आत्माओं को निकालते थे।
अभिषेक कोई रहस्यमयी बात नहीं—यह वास्तविक उपस्थिति है।
जब पौलुस किसी स्थान में आता था, तो वातावरण बदल जाता था।

दुष्ट आत्माएँ पदवी से नहीं, बल्कि तापमान से डरती हैं।
जितना अधिक अभिषेक होगा, उतनी जल्दी वे प्रकट होंगी।
पौलुस का जीवन परमेश्वर के साथ इतना गहरा था कि उसके वस्त्र भी उस महिमा को धारण कर लेते थे।
उनकी प्रतिक्रिया कोई संयोग नहीं थी—यह प्रकाश की प्रतिक्रिया थी।
जहाँ प्रकाश आता है, वहाँ अंधकार हिलता है।

नरक की तीव्र प्रतिक्रिया समस्या नहीं—प्रमाण है।
जैसे-जैसे आपकी आज्ञाकारिता बढ़ती है, युद्ध भी बढ़ता है क्योंकि क्षेत्र छीना जा रहा होता है।
प्रेरितों के काम 19:23 कहता है, “उस समय इस मार्ग के विषय में बड़ा

उपद्रव हुआ।”
छुटकारा कभी अनदेखा नहीं रहता।

अभिषेक उपयोग करने से बढ़ता है, छिपाने से नहीं।
पौलुस की लगातार आज्ञाकारिता ने अभिषेक को बढ़ाया।
इसीलिए दुष्ट आत्माएँ उसे पहचानती थीं—उन्होंने पहले भी उसी अभिषेक का सामना किया था, जो मसीह में था।
वही आत्मा पौलुस पर भी था।

इसलिए यदि नरक जोर से प्रतिक्रिया देता है, तो डरना नहीं—खुश होना चाहिए।
विरोध का मतलब है पहचान।
शैतान तभी गरजता है जब उससे बड़ा कुछ उसके क्षेत्र में आ रहा होता है।

प्रश्न 6: इफिसुस की कलीसिया ने जादू-टोने की वस्तुओं को सार्वजनिक रूप से क्यों जलाया?

प्रेरितों के काम 19:19 एक महत्वपूर्ण घटना बताता है:
“बहुत से लोगों ने जो जादू-टोना करते थे, अपनी किताबें इकट्ठी करके सबके सामने जला दीं।”
छुटकारा केवल व्यक्तिगत रूप से समाप्त नहीं हुआ—वह सार्वजनिक रूप से दिखाई दिया।
जागृति हमेशा उन मूर्तियों को नष्ट करती है जो पहले संस्कृति को नियंत्रित करती थीं।

वे किताबें वर्षों के बंधन और धोखे का प्रतीक थीं।
उन्हें जलाना जीवित पश्चाताप था।
उन्होंने उन्हें बेचा नहीं—उन्हें नष्ट कर दिया।
सच्चा पश्चाताप पाप को बेचता नहीं—उसे समाप्त करता है।
उन आग की लपटों ने यह गवाही दी कि उनका जीवन अब बदल चुका है।

सार्वजनिक रूप से जलाने से क्षेत्रीय आत्मिक समझौते भी टूट गए। इफिसुस का वातावरण मंत्रों और जादू से भरा था; उस आग ने एक नया वातावरण बनाया—समर्पण का।
यह नियम नहीं था—यह स्वतंत्रता थी।
लोग समझ गए कि स्वतंत्रता को पूरी तरह अपनाना जरूरी है।

इसका परिणाम स्पष्ट था:
"प्रभु का वचन बड़ी सामर्थ से बढ़ा और प्रबल हुआ" (प्रेरितों के काम 19:20)।
जब दुष्ट साहित्य नष्ट हुआ, तब परमेश्वर का वचन बढ़ा।
छुटकारा तब पूरा होता है जब वातावरण भी बदल जाता है।

इसलिए इफिसुस की यह घटना हमें सिखाती है:
आप जो नष्ट करते हैं, वही तय करता है कि आप क्या नया जन्म देते हैं।
जब आप दुष्ट प्रभाव को समाप्त करते हैं, तो वचन बढ़ता है।
जागृति हमेशा राख छोड़ती है जहाँ पहले मूर्तियाँ थीं।

प्रश्न 7: शक्ति के टकराव (power confrontation) से लोगों का परिवर्तन क्यों हुआ?

क्योंकि टकराव अंतर को स्पष्ट करता है।
जब मूसा की लाठी ने फिरौन के साँपों को निगल लिया, तब मिस्र ने श्रेष्ठता देखी।
जब एलिय्याह ने आग को बुलाया, तब इस्राएल ने कहा, "यहोवा ही परमेश्वर है!"
जब पौलुस ने आत्माओं को निकाला और चमत्कार हुए, तब लोगों ने देखा कि एक सच्चा परमेश्वर है।
छुटकारा परमेश्वर की वास्तविकता को साबित करता है।

प्रारंभिक कलीसिया ने केवल तर्क नहीं जीते—उन्होंने अनुभव दिए। 1 कुरिन्थियों 2:4 कहता है, "मेरी वाणी और प्रचार मनुष्यों के ज्ञान की बातें नहीं, बल्कि आत्मा और सामर्थ के प्रमाण के साथ था।"

लोग सिद्धांत से नहीं, अनुभव से बदलते हैं।

दुष्ट आत्माएँ झूठे देवताओं की असलियत को उजागर करती हैं। जब झूठे देवता कुछ नहीं कर पाते, तो लोग जीवित परमेश्वर की ओर मुड़ते हैं।
हर छुटकारा देखने वालों के लिए एक आत्मिक अनुभव बन जाता है।
डर आता है, मन बदलता है, और विश्वास बढ़ता है।
प्रेरितों के काम 13:12 कहता है, "जब हाकिम ने यह देखा, तो उसने विश्वास किया।"

जहाँ टकराव स्पष्ट होता है, वहाँ परिवर्तन जल्दी होता है।
लोग उस परमेश्वर पर विश्वास करते हैं जो स्वयं को दिखाता है।
जब अंधकार भागता है, तो हृदय जागते हैं।
उद्धार का संदेश स्पष्ट हो जाता है क्योंकि स्वतंत्रता दिखाई देती है।

इसलिए शक्ति का टकराव परिवर्तन लाता है क्योंकि छुटकारा शब्दों से अधिक प्रभावशाली होता है।
चमत्कार कान खोलते हैं; छुटकारा आँखें खोलता है।
जब प्रकाश सार्वजनिक रूप से जीतता है, तो लोग व्यक्तिगत रूप से पश्चाताप करते हैं।

प्रश्न 8: छुटकारा और चंगाई हमेशा साथ-साथ क्यों चलते हैं?

क्योंकि बीमारी और आत्मिक दबाव दोनों का मूल एक ही है—सृष्टि का टूटना।
प्रेरितों के काम 10:38 बताता है कि यीशु ने "उन सब को चंगा किया जो शैतान से पीड़ित थे।"
चंगाई और छुटकारा दोनों मिलकर पुनर्स्थापना को दिखाते हैं।

कुछ बीमारियाँ केवल शारीरिक होती हैं, लेकिन कुछ आत्मिक भी होती हैं।
मत्ती 9:33 में जब गूंगे व्यक्ति से दुष्ट आत्मा निकली, तब वह बोलने लगा।

छुटकारे ने चंगाई को जन्म दिया।
परमेश्वर का राज्य केवल लक्षणों को नहीं, बल्कि सम्पूर्ण जीवन को ठीक करता है।

यदि केवल चंगाई हो और छुटकारा न हो, तो समस्या वापस आ सकती है।
यदि केवल छुटकारा हो और चंगाई न हो, तो असर अधूरा रह जाता है।
दोनों मिलकर परमेश्वर की पूरी दया को दिखाते हैं।
एक बंधन को हटाता है; दूसरा नुकसान को ठीक करता है।

प्रारंभिक कलीसिया ने यही किया।
प्रेरितों के काम 5:16 कहता है कि लोग आए "जो अशुद्ध आत्माओं से पीड़ित थे, और सब चंगे हो गए।"
यह अलग-अलग नहीं, बल्कि एक साथ हुआ।
स्वतंत्रता और सम्पूर्णता एक ही धारा में बहती हैं।

इसलिए छुटकारा और चंगाई साथ चलते हैं क्योंकि दोनों प्रेम के कार्य हैं।
एक अंधकार को हटाता है; दूसरा जीवन को पुनः स्थापित करता है।
परमेश्वर केवल शत्रु को हटाता नहीं—वह मनुष्य को फिर से बनाता है।

प्रश्न 9: सुसमाचार को शब्द नहीं, बल्कि सामर्थ क्यों कहा गया?

रोमियों 1:16 कहता है, "मैं सुसमाचार से लज्जित नहीं हूँ, क्योंकि यह हर एक विश्वास करने वाले के लिए परमेश्वर की सामर्थ है।"
पौलुस ने यह नहीं कहा कि इसमें शक्ति है—उसने कहा यह स्वयं शक्ति है।
सुसमाचार केवल समझाने की बात नहीं—यह परिवर्तन की शक्ति है।
जब इसे अभिषेक के साथ बोला जाता है, तो अदृश्य जगत में बदलाव होता है।

प्रारंभिक कलीसिया समझती थी कि संदेश के साथ परिणाम भी आते हैं।

उन्होंने प्रचार और चमत्कार को अलग नहीं किया।
मरकुस 16:20 कहता है, "उन्होंने हर जगह प्रचार किया, और प्रभु उनके साथ काम करता था और वचन को चिन्हों से सिद्ध करता था।"
वचन स्वयं को सिद्ध करता है।

शब्द जानकारी देते हैं; शक्ति परिवर्तन लाती है।
सुसमाचार अपने आप में प्रभावशाली है।
उसे सजाने की आवश्यकता नहीं—केवल विश्वास की जरूरत है।
जब यह शुद्ध हृदय से बोला जाता है, तो यह आत्मिक शक्तियों को हिला देता है।

दुष्ट आत्माएँ सच्चे सुसमाचार से डरती हैं क्योंकि यह उनके झूठ को तोड़ता है।
हर घोषणा उनके प्रभाव को कमजोर करती है।
इसीलिए जागृति के समय वातावरण बदल जाता है—वचन जीवित होता है।

इसलिए सुसमाचार शक्ति है क्योंकि यह केवल परमेश्वर के बारे में नहीं—यह स्वयं परमेश्वर की कार्यशील उपस्थिति है।
जब वचन हृदय में प्रवेश करता है, तो बिना हाथ लगाए जंजीरें टूट जाती हैं।
छुटकारा सत्य की सांस के साथ आता है।

प्रश्न 10: दुष्ट आत्माएँ पौलुस को पहचानती थीं, लेकिन नकल करने वालों को क्यों नहीं?

क्योंकि आत्मिक जगत में पहचान प्रसिद्धि से नहीं, बल्कि जीवन से होती है।
प्रेरितों के काम 19:15 में दुष्ट आत्मा ने कहा, "यीशु को मैं जानता हूँ, और पौलुस को भी; पर तुम कौन हो?"
नरक रिकॉर्ड रखता है।
वह प्रसिद्धि से नहीं, बल्कि पवित्रता और अधिकार से डरता है।
पौलुस जाना जाता था क्योंकि उसकी आज्ञाकारिता दोनों संसारों में

गूँजती थी।

हर विश्वासी की एक सुगंध होती है।

2 कुरिन्थियों 2:15 कहता है, "हम परमेश्वर के लिए मसीह की सुगंध हैं।"

नरक पवित्रता को पहचानता है।

दुष्ट आत्माएँ उस जीवन को पहचानती हैं जो समर्पण और अलगाव से भरा होता है।

पौलुस का नाम भारी था क्योंकि उसका जीवन पूरी तरह समर्पित था।

नकल करने वाले केवल बाहरी काम करते हैं, लेकिन उनके पास वास्तविक महिमा नहीं होती।

दुष्ट आत्मा का सवाल एक न्यायालय जैसा था—"तुम्हें अधिकार किसने दिया?"

उनके पास कोई संबंध, कोई वाचा नहीं थी।

बिना प्रमाण के अधिकार खतरा बन जाता है।

पौलुस की पहचान उसकी निरंतरता से बनी।

वह कभी-कभी नहीं, बल्कि हर समय परमेश्वर के साथ चलता था।

उसका जीवन यह दिखाता था कि वह मसीह का है।

नरक उसे इसलिए पहचानता था क्योंकि वह सच्चा था।

इसलिए दुष्ट आत्माएँ पौलुस को इसलिए पहचानती थीं क्योंकि वह प्रसिद्ध नहीं, बल्कि विश्वासयोग्य था।

स्वर्ग ने उसे स्वीकार किया; नरक ने उसे पहचाना।

आत्मिक अधिकार प्रचार से नहीं—सच्चाई से सिद्ध होता है।

8

स्वतंत्रता को बनाए रखना

प्रश्न 1: क्यों कुछ लोग छुटकारा पाकर भी फिर से बंधन में आ जाते हैं?

छुटकारा दुष्ट आत्मा को निकाल देता है, लेकिन चेलापन (discipleship) दरवाज़े को बंद करता है।
यीशु ने मत्ती 12:43–45 में कहा कि जब अशुद्ध आत्मा निकल जाती है, तो वह भटकती है और फिर कहती है, "मैं अपने घर लौट जाऊँगी।"
यदि वह स्थान खाली रहता है, तो वह सात और आत्माओं के साथ वापस आती है।
खाली स्वतंत्रता फिर से बंधन का निमंत्रण बन जाती है।

कुछ लोग छुटकारे को एक घटना मानते हैं, जीवनशैली नहीं।
वे स्वतंत्रता में खुश होते हैं, लेकिन बदलाव को जारी नहीं रखते।
आत्मा तो निकल गई, लेकिन आदतें नहीं बदलीं।
पुराने गाने, पुराने दोस्त, पुरानी इच्छाएँ—ये सब फिर से बंधन के लिए रास्ता बनाते हैं।
शैतान नए दरवाज़े नहीं बनाता—वह पुराने दरवाज़ों का उपयोग करता

है।

फिर से बंधन तब आता है जब कृतज्ञता कम हो जाती है।
इस्राएली मिस्र से निकले, लेकिन मिस्र को अपने मन में ले गए।
उन्होंने बंधन की जगह छोड़ी, लेकिन सोच नहीं बदली।
छुटकारा आपको जेल से निकालता है; चेलापन जेल को आपसे निकालता है।
बिना बदलाव के, स्वतंत्रता कमजोर हो जाती है।

शैतान को अस्थायी छुटकारे से डर नहीं लगता; उसे स्थायी बदलाव से डर लगता है।
इसलिए वह लापरवाही का इंतज़ार करता है।
वह जानता है कि खालीपन फिर से कब्जा बुलाता है।
लेकिन जब आपका जीवन वचन, प्रार्थना और आराधना से भर जाता है, तो वह सुरक्षित हो जाता है।

इसलिए लोग स्वतंत्रता खोते हैं क्योंकि परमेश्वर की शक्ति नहीं, बल्कि उनकी देखभाल कम हो जाती है।
पवित्र आत्मा छुटकारा देता है; आपके निर्णय उसे बनाए रखते हैं।
भरे रहो, धन्यवादी रहो, जागते रहो—और स्वतंत्रता स्थायी रहेगी।

प्रश्न 2: जब यीशु ने कहा "घर साफ किया हुआ और खाली है," इसका क्या अर्थ है?

मत्ती 12:44 में यीशु ने एक साफ लेकिन खाली घर का उदाहरण दिया।
यह उस जीवन को दिखाता है जो छुटकारा तो पा चुका है, लेकिन अनुशासन में नहीं है।
"साफ" का मतलब गंदगी हट गई; "खाली" का मतलब सत्य अंदर नहीं आया।
यह बाहरी सफाई है, लेकिन अंदर खालीपन।

दुष्ट आत्माएँ ऐसे साफ लेकिन खाली घर को पसंद करती हैं।
वे खालीपन में रहती हैं।
कोई व्यक्ति पाप करना बंद कर सकता है, लेकिन सेवा शुरू नहीं करता; गलत बोलना छोड़ देता है, लेकिन प्रार्थना शुरू नहीं करता।
पवित्रता केवल छोड़ने में नहीं—भरने में है।
लक्ष्य खाली होना नहीं—पवित्र आत्मा से भरना है।

"खाली घर" यह भी दिखाता है कि केवल व्यवहार बदलना काफी नहीं।
आप आदतें बदल सकते हैं, लेकिन स्वामी नहीं बदला तो कुछ नहीं बदला।
धर्म घर को साफ करता है; संबंध उसे भरता है।
यीशु किराए पर नहीं रहते—वे पूरा अधिकार लेते हैं।

खालीपन अकेलेपन को भी दिखाता है।
जब पवित्र आत्मा के साथ संगति नहीं रहती, तो परीक्षा आती है।
इसलिए परमेश्वर हर मुक्त व्यक्ति को संगति (कलीसिया) में रखता है।
कलीसिया आत्मिक सुरक्षा है।

इसलिए "साफ और खाली" का मतलब है—सफाई तो है, लेकिन भराव नहीं।
भराव के बिना स्वतंत्रता कमजोर है।
अपने जीवन को केवल साफ मत करो—उसे वचन, प्रार्थना और आराधना से भरो।
भरा हुआ घर कभी फिर से कब्जा नहीं होता।

प्रश्न 3: मन का नया होना (renewing the mind) छुटकारे को कैसे बनाए रखता है?

रोमियों 12:2 कहता है, "अपने मन के नए होने से बदल जाओ।"
छुटकारा आत्मा को बदलता है; नया मन वातावरण को बदलता है।
यदि मन नहीं बदलता, तो पुरानी सोच वापस आ सकती है।

दुष्ट आत्माएँ झूठ के द्‌वारा काम करती हैं।
वे शरीर छोड़ देती हैं, लेकिन विचारों के द्‌वारा वापस आना चाहती हैं।
यदि कोई व्यक्ति सोच में कैदी बना रहता है, तो वह फिर से वैसा ही व्यवहार करेगा।
मन को रोज़ वचन से धोना ज़रूरी है (इफिसियों 5:26)।
सत्य हर गंदगी को साफ करता है।

मन को नया करने का मतलब है—झूठ को सत्य से बदलना।
हर "मैं योग्य नहीं हूँ" के बदले "मैं प्रिय में स्वीकार किया गया हूँ" (इफिसियों 1:6) बोलो।
हर "मुझे डर लग रहा है" के बदले "परमेश्वर ने मुझे भय की आत्मा नहीं दी" (2 तीमुथियुस 1:7) बोलो।
आप झूठ को चिल्लाकर नहीं, बल्कि सोच बदलकर हराते हैं।

यह प्रक्रिया भावनाओं को भी नियंत्रित करती है।
चिंता, वासना और घमंड तब कम हो जाते हैं जब सोच बदलती है।
छुटकारा जंजीर तोड़ता है; नया मन उसे वापस बनने नहीं देता।
वचन पर मनन करने से सत्य जीवन बन जाता है।

इसलिए छुटकारे को बनाए रखना मन की देखभाल है।
नई सोच अपनाओ, नया जीवन जीओ।
जो परमेश्वर ने कल निकाला, उसे आज की सोच से वापस मत बुलाओ।

प्रश्न 4: स्थायी स्वतंत्रता के लिए जवाबदेही (accountability) क्यों आवश्यक है?

क्योंकि अकेलापन कमजोरी को बढ़ाता है।
सभोपदेशक 4:9–10 कहता है, "दो एक से अच्छे हैं... यदि एक गिर जाए, तो दूसरा उसे उठाएगा।"
स्वतंत्रता को संगति की आवश्यकता होती है।
जब कोई अकेला चलता है, तो पुरानी परीक्षाएँ आसानी से वापस आती हैं।

प्रेरितों के काम 2:42 में प्रारंभिक कलीसिया ने शिक्षा और संगति में बने रहे।
छुटकारा चेलापन में बदला, और चेलापन ने संगति की मांग की।
आप अपनी कहानी और संघर्ष किसी के साथ साझा किए बिना स्वतंत्रता नहीं रख सकते।
याकूब 5:16 कहता है कि स्वीकार करना शक्ति है।

जवाबदेही अंधकार को उजागर करती है।
जब विश्वासयोग्य लोग आपके लिए प्रार्थना करते हैं और मार्गदर्शन देते हैं, तो दुष्ट आत्माएँ छिप नहीं पातीं।
जो स्वीकार किया जाता है, वह कब्जा नहीं करता।
पारदर्शिता शैतान को डराती है।

जवाबदेही नम्रता को भी बनाए रखती है।
घमंड कहता है, "मैं खुद संभाल लूँगा।"
ज्ञान कहता है, "मुझे सहायता चाहिए।"
छुटकारा तुरंत हो सकता है, लेकिन चरित्र समय के साथ बढ़ता है।

इसलिए स्वतंत्रता तब बढ़ती है जब आप दूसरों के साथ जुड़े रहते हैं।
नेतृत्व के अधीन रहो, संगति में रहो, और सच्चाई से चलते रहो।
अकेले चलने वाले भटक जाते हैं; जुड़े हुए लोग सुरक्षित रहते हैं।

प्रश्न 5: छुटकारा पाए व्यक्ति को रोज़ वचन में बढ़ना क्यों जरूरी है?

क्योंकि कल का प्रकाश आज की लड़ाई के लिए पर्याप्त नहीं होता।
मत्ती 4:4 कहता है, "मनुष्य केवल रोटी से नहीं, बल्कि परमेश्वर के हर वचन से जीवित रहेगा।"
वचन केवल स्वाद नहीं—यह जीवन है।
जिस दिन आप वचन छोड़ते हैं, उसी दिन आपकी आत्मिक शक्ति कम होती है।

दुष्ट आत्माएँ अज्ञानता में काम करती हैं।
होशे 4:6 कहता है, "मेरे लोग ज्ञान के अभाव से नाश हो जाते हैं।"

छुटकारा बंधन हटाता है, लेकिन अज्ञानता उसे वापस ला सकती है।
वचन आपको सिखाता है कि सत्य क्या है।

वचन में बढ़ने से आपका अधिकार भी बढ़ता है।
जितना अधिक आप जानते हैं, उतना कम डरते हैं।
वचन आपकी पहचान और अधिकार को स्पष्ट करता है।
आप केवल जीवित रहने वाले नहीं—विजय में चलने वाले बन जाते हैं।

प्रारंभिक कलीसिया रोज़ वचन में बनी रहती थी (प्रेरितों के काम 2:46)।
वचन उनका जीवन था।
स्वतंत्रता केवल रविवार के वचन से नहीं टिकती—रोज़ के वचन से टिकती है।

इसलिए छुटकारा पाया हुआ व्यक्ति वचन का विद्यार्थी बनना चाहिए।
शैतान उस व्यक्ति से अधिक डरता है जो वचन पढ़ता है, न कि केवल चिल्लाता है।
जिस वचन ने आपको कल मुक्त किया, वही आज आपको मजबूत करेगा।

प्रश्न 6: आराधना हृदय को फिर से दुष्ट आत्मिक आक्रमण से कैसे सुरक्षित रखती है?

क्योंकि आराधना उस स्थान को भर देती है जिसे छुटकारा खाली करता है।
जब आप आराधना करते हैं, तो आप उस स्थान पर परमेश्वर को बैठाते हैं जहाँ पहले डर बैठा था।
भजन संहिता 22:3 कहता है, "तू इस्राएल की स्तुति पर विराजमान रहता है।"
हर हल्लेलूयाह आपके हृदय के चारों ओर परमेश्वर की उपस्थिति की दीवार खड़ी करता है।

आराधना प्रेम को भी नया करती है।
दुष्ट आत्माएँ अक्सर उन हृदयों में लौटती हैं जो ठंडे हो चुके होते हैं।
जब प्रेम कम हो जाता है, तो दरवाजे फिर से खुलने लगते हैं।
आराधना प्रेम को जलाए रखती है और भक्ति को सुरक्षा में बदल देती है।
जो हृदय आग में है, उसमें साँपों के लिए कोई जगह नहीं होती।

दाऊद यह बात समझता था।
पश्चाताप के बाद उसने गाया, "हे परमेश्वर, मुझ में शुद्ध मन उत्पन्न कर, और मेरे भीतर स्थिर आत्मा नया कर" (भजन संहिता 51:10)।
आराधना उसकी पवित्रता को जीवित रखने का हथियार थी।
गीत पवित्रीकरण को बनाए रखते हैं।

आराधना आत्मिक वातावरण को बदल देती है।
जहाँ आराधना उठती है, वहाँ आरोप खत्म हो जाते हैं।
अंधकार महिमा के साथ एक साथ नहीं रह सकता।
जैसे ही आप अपने हाथ उठाते हैं, स्वर्ग की उपस्थिति आपके मंदिर को भर देती है, और घुसपैठ करने वाले भाग जाते हैं।

इसलिए आराधना छुटकारे को सुरक्षित रखती है क्योंकि वह राजा को घर में बनाए रखती है।
जब वह सिंहासन पर बैठा रहता है, तो कोई और आत्मा वहाँ नहीं बैठ सकती।
स्तुति केवल धन्यवाद नहीं—यह पहरेदारी भी है।

प्रश्न 7: संगति और विश्वासियों की सभा स्वतंत्रता की रक्षा कैसे करती है?

परिवार और संगति में स्वतंत्रता और मजबूत होती है।
प्रारंभिक कलीसिया केवल इकट्ठी नहीं होती थी; वह एक-दूसरे की शक्ति बढ़ाती थी।
प्रेरितों के काम 4:32 कहता है, "विश्वास करने वालों की मण्डली एक चित्त और एक मन की थी।"

एकता ने सुरक्षा उत्पन्न की।
जब विश्वासी साथ चलते हैं, तो वे हमले के विरुद्ध एक जीवित सुरक्षा-दीवार बन जाते हैं।

संगति मध्यस्थ प्रार्थना भी देती है।
जब पतरस कैद में था, तब “कलीसिया उसकी ओर से परमेश्वर से लगातार प्रार्थना कर रही थी” (प्रेरितों के काम 12:5)।
उनकी प्रार्थना ने उसकी जंजीरें तुड़वा दीं।
वही शक्ति स्वतंत्र किए गए विश्वासियों को स्थिर रखती है।
आप अकेले छुटकारा पा सकते हैं, लेकिन साथ में स्वतंत्र बने रहते हैं।

संगति सुधार भी लाती है।
नीतिवचन 27:17 कहता है, “जैसे लोहा लोहे को पैना करता है, वैसे ही मनुष्य अपने मित्र के मुख की चमक को।”
सुधार घमंड को चोट पहुँचा सकता है, लेकिन जीवन के गलत ढर्रों को ठीक करता है।
जो संगति प्रेम से सामना करती है, वह धोखे के दरवाजे बंद रखती है।

अकेलापन परीक्षा को बड़ा बना देता है।
जब आप विश्वास से घिरे होते हैं, तो आत्मिक जागरूकता जीवित रहती है।
दूसरों की गवाही और उनकी जीतें आपकी सहनशक्ति को बढ़ाती हैं।
साझा आग ठंडी समझौता-भरी जिंदगी को रोकती है।

इसलिए संगति स्वतंत्रता की रक्षा करती है क्योंकि वह आपको आत्मिक ऑक्सीजन से घेर देती है।
जहाँ सहभागिता है, वहाँ मजबूती है।
अकेली मोमबत्ती टिमटिमाती है; कई मोमबत्तियाँ मिलकर तेज़ जलती हैं।

प्रश्न 8: छुटकारे के बाद कौन-कौन से दरवाजे बंद करने चाहिए?

छुटकारा सामने का दरवाजा बंद करता है; लेकिन आगे की सावधानी पीछे के दरवाजों को भी बंद रखती है।

इफिसियों 4:27 चेतावनी देता है, “शैतान को स्थान मत दो।”

यहाँ “स्थान” का अर्थ है क्षेत्र या पकड़ बनाने की जगह।

हर बिना पहरा दी गई आदत, छिपा हुआ पाप, या जहरीला संबंध एक दरवाजा बन सकता है।

उन्हें जल्दी से बंद करना चाहिए।

मीडिया, संगीत, यादें—जो भी पुराना बंधन फिर से जगाता है, उसे काट देना चाहिए।

इस्राएल मिस्र की मूर्तियों को यादगार के रूप में नहीं रख सकता था; उन्हें तोड़ना पड़ता था।

आपकी प्लेलिस्ट, आपके फोन का इतिहास, रात के समय की बातें—इनमें से हर एक आत्मिक खिड़की बन सकता है।

यदि वह उसी चीज़ को बढ़ावा देता है जिससे परमेश्वर ने आपको छुड़ाया है, तो वह उसी चीज़ को फिर बुलाता है जिसे निकाला गया था।

क्षमा न करना भी एक बड़ा खुला दरवाजा है।

मत्ती 18:34 में यीशु ने चेतावनी दी कि क्षमा न करने वाला दास “पीड़ा देने वालों के हाथ सौंप दिया गया।”

कड़वाहट बंधन को अनुमति देती है।

इस दरवाजे को बंद करने का मतलब है अपराधियों को सचमुच छोड़ देना।

क्षमा गलत को सही नहीं ठहराती; वह शत्रु का अधिकार हटा देती है।

घमंड भी एक दरवाजा है जो आत्मविश्वास जैसा दिखता है।

जैसे ही आप सोचते हैं, “मैं अब कभी नहीं गिरूँगा,” आप आत्मा के बजाय अपने आप पर भरोसा करने लगते हैं।

शैतान कई बार कमजोरी से नहीं, बल्कि अति-आत्मविश्वास से जल्दी प्रवेश करता है।

इसलिए छुटकारे के बाद हर उस दरवाजे को बंद कर दो जिसमें पुराने बंधन की गंध आती है।

एक बंद घर डर से नहीं, विश्वासयोग्यता से सुरक्षित रहता है।

पवित्र आत्मा उसी की रक्षा करता है जिसे नम्रता बंद करती है।

प्रश्न 9: कृतज्ञता दुष्ट आत्मिक वापसी से कैसे बचाती है?

कृतज्ञता स्मृति को कवच बना देती है।
जब आप अपनी स्वतंत्रता के लिए लगातार परमेश्वर का धन्यवाद करते हैं, तो आप स्वर्ग और नरक दोनों को याद दिलाते हैं कि अब स्वामित्व बदल चुका है।
भजन संहिता 103:2 कहता है, “हे मेरे मन, यहोवा को धन्य कह, और उसके किसी उपकार को न भूल।”
भूल जाना कमजोरी लाता है; याद रखना सुरक्षा बनाता है।

कृतज्ञता आपका ध्यान कमी से हटाकर प्रभु पर ले जाती है।
दुष्ट आत्माएँ असंतोष फुसफुसाती हैं ताकि पुराने घाव फिर खुल जाएँ।
कृतज्ञता उस आवाज को चुप कर देती है क्योंकि वह परमेश्वर की भलाई को बड़ा करती है।
धन्यवाद से भरे हृदय में शिकायत के लिए जगह नहीं रहती, और शिकायत बंधन की भाषा है।

इस्राएल की स्वतंत्रता कुड़कुड़ाने से कमजोर हुई।
हर शिकायत ने जंगल को और लंबा कर दिया।
यदि वे कृतज्ञ रहते, तो उनका मार्ग छोटा हो सकता था।
जहाँ धन्यवाद शिकायत की जगह लेता है, वहाँ स्वतंत्रता फलती-फूलती है।

कृतज्ञता परमेश्वर के साथ निकटता को भी ताज़ा रखती है।
यह आपके हृदय को उसके प्रति कोमल बनाए रखती है।
जब प्रेम ताज़ा रहता है, तो परीक्षा का स्वाद फीका पड़ जाता है।
कृतज्ञता बिना ध्यान दिए ही दरवाजे बंद कर देती है।

इसलिए कृतज्ञता छुटकारे की रक्षा करती है क्योंकि वह आनंद को स्मृति में स्थिर कर देती है।
शैतान कृतज्ञ व्यक्ति को आसानी से बहका नहीं सकता क्योंकि संतोष

उसे उलझा देता है।
जो विश्वासी धन्यवाद से भरा है, वह सुरक्षित रहता है।

प्रश्न 10: छुटकारे के बाद "आत्मा में चलने" का क्या अर्थ है?

गलातियों 5:16 कहता है, "आत्मा के अनुसार चलो, तो शरीर की अभिलाषा पूरी न करोगे।"
आत्मा में चलने का अर्थ है उसकी चाल में चलना, उसके प्रभाव के अधीन रहना, और उसके उद्देश्य की ओर बढ़ना।
छुटकारा आपको स्वतंत्रता देता है; आत्मा में चलना आपको दिशा देता है।

चलना लगातार गति को दिखाता है।
स्वतंत्रता कोई स्थिर चीज़ नहीं—यह आज्ञाकारिता की लय है।
पवित्र आत्मा आपको केवल किसी चीज़ से छुड़ाता नहीं; वह आपको किसी की ओर ले जाता है—मसीह के स्वरूप की ओर।
उसके साथ उठाया गया हर कदम आपकी सीमाओं को मजबूत करता है और नई शक्ति प्रकट करता है।

आत्मा में चलने का अर्थ निर्भरता भी है।
अब आप अपने मन या अचानक उठे विचारों के पीछे नहीं चलते; आप उसके मार्गदर्शन के पीछे चलते हैं।
रोमियों 8:14 कहता है, "जितने परमेश्वर के आत्मा के द्वारा चलाए जाते हैं, वे परमेश्वर के पुत्र हैं।"
पुत्र स्वतंत्र रहते हैं क्योंकि वे मार्गदर्शन में रहते हैं।

यह चलना ऐसे फल उत्पन्न करता है जो दुष्ट आत्माओं को असहज कर देते हैं—प्रेम, आनंद, शांति, आत्म-संयम।
ये केवल भावनाएँ नहीं—ये प्रमाण हैं।
जब यह फल बढ़ते हैं, तो पुराना बंधन स्वाभाविक रूप से मरने लगता है।
वही आत्मा जिसने अंधकार को निकाला, अब चरित्र को भी बढ़ाता है।

इसलिए छुटकारे के बाद आत्मा में चलने का अर्थ है पवित्र आत्मा को अपने जीवन की चाल तय करने देना।
स्वतंत्रता दौड़ नहीं—एक यात्रा है।
हर आज्ञाकारी कदम कल की जंजीरों को आज की आराधना के नीचे दबाए रखता है।

9

सामान्य गलतियाँ और चेतावनियाँ

प्रश्न 1: छुटकारा प्रदर्शन के लिए नहीं, बल्कि स्वतंत्रता के लिए क्यों है?

क्योंकि छुटकारा एक बचाव कार्य है, कोई प्रदर्शन नहीं।
यीशु ने लूका 4:18 में कहा, "उसने मुझे भेजा है कि बन्दियों को छुटकारा देने का प्रचार करूँ।"
उनका उद्देश्य पुनर्स्थापना था, प्रतिष्ठा नहीं।
जब छुटकारा मनोरंजन बन जाता है, तो उसकी पवित्रता खत्म हो जाती है।
जब लोग मसीह के बजाय सेवक के लिए ताली बजाने लगते हैं, तब पवित्र चीज़ तमाशा बन जाती है।

फरीसी लोगों की सराहना चाहते थे; यीशु लोगों की चंगाई चाहते थे। जब उन्होंने याईर की बेटी को जिलाया, तो सबको बाहर कर दिया (मरकुस 5:40)।
जब उन्होंने बहरे को चंगा किया, तो उसे अलग ले गए (मरकुस 7:33)।
सच्ची शक्ति को भीड़ की आवश्यकता नहीं होती।

स्वर्ग चुपचाप सराहना करता है।

दिखावा अभिषेक को कम कर देता है क्योंकि पवित्र आत्मा अहंकार के साथ मंच साझा नहीं करता।
यशायाह 42:8 कहता है, “मैं अपनी महिमा किसी और को नहीं दूँगा।”
जो छुटकारा ध्यान खींचने के लिए किया जाता है, वह परमेश्वर के समर्थन से दूर हो जाता है।
अधिकार शोर से नहीं, परिणाम से दिखता है।

दुष्ट आत्माएँ प्रचार को पसंद करती हैं।
यदि उन्हें लगे कि भीड़ आनंद ले रही है, तो वे और जोर से प्रतिक्रिया देती हैं।
एक समझदार सेवक कभी भी नरक को केंद्र में नहीं आने देता।
जितना आप प्रकट होने पर ध्यान देते हैं, उतना आप उसी आत्मा को बढ़ावा देते हैं जिसे आप निकाल रहे हैं।

इसलिए छुटकारा हमेशा स्वतंत्रता के लिए होना चाहिए।
चुपचाप मुक्त हुआ एक व्यक्ति, शोर मचाने वाली हजारों भीड़ से अधिक मूल्यवान है।
लक्ष्य प्रसिद्धि नहीं—परिवर्तन है।

प्रश्न 2: सेवकों को निर्भरता (dependency) बनाने से क्यों बचना चाहिए?

क्योंकि मनुष्य पर निर्भरता, परमेश्वर पर निर्भरता को बदल देती है।
पौलुस ने 1 कुरिन्थियों 3:5 में कहा, “पौलुस कौन है, और अपुल्लोस कौन है? वे तो सेवक हैं।”
जब लोग पात्र से अधिक स्रोत पर निर्भर होने लगते हैं, तो मूर्तिपूजा शुरू हो जाती है।
छुटकारा देने वाले सेवक दाई होते हैं, मालिक नहीं।

निर्भरता आध्यात्मिक अधिकार को लत बना देती है।
लोग हर छोटी समस्या के लिए सेवक के पास भागते हैं और पवित्र आत्मा को भूल जाते हैं जो उनके भीतर है।

यह विकास के बजाय नियंत्रण का चक्र बना देता है।
सच्ची स्वतंत्रता लोगों को खुद खड़े होना सिखाती है।

यीशु ने लोगों को छुड़ाया और फिर उन्हें भेजा।
उन्होंने गदरिनी व्यक्ति से कहा, "अपने घर जा और बता कि प्रभु ने तेरे लिए क्या किया" (मरकुस 5:19)।
छुटकारा सशक्तिकरण के साथ समाप्त होता है, जुड़ाव के साथ नहीं।

निर्भरता सेवकों को भी थका देती है।
जब लोग बढ़ना नहीं चाहते, तो वे दूसरों पर बोझ बन जाते हैं।
मूसा भी थक गया था, तब परमेश्वर ने उसे दूसरों को नियुक्त करने को कहा (निर्गमन 18:18)।
स्वस्थ सेवा नेतृत्व को बढ़ाती है, बोझ नहीं बनती।

इसलिए अपनी सेवा को सहारा मत बनने दो।
लोगों को सिखाओ कि वे यीशु पर निर्भर रहें, स्वयं प्रार्थना करें, और वचन में बढ़ें।
सच्ची स्वतंत्रता तब सिद्ध होती है जब व्यक्ति आपके बिना भी खड़ा रह सके।

प्रश्न 3: सामना करने से पहले पहचान (discernment) क्यों जरूरी है?

क्योंकि बिना पहचान के प्रतिक्रिया भ्रम पैदा करती है।
यीशु ने कभी भी आत्माओं का सामना बिना समझे नहीं किया।
लूका 13:12 में उन्होंने झुकी हुई स्त्री को देखकर कहा, "स्त्री, तू अपनी बीमारी से छूट गई है।"
उन्होंने अनुमान नहीं लगाया—वे जानते थे।

पहचान यह बताती है कि समस्या आत्मिक है, मानसिक है या शारीरिक।
इसके बिना सेवक गलत चीज़ को डाँटते हैं या गलत चीज़ का इलाज करते हैं।
1 कुरिन्थियों 12:10 में "आत्माओं की पहचान" एक वरदान है क्योंकि

हर आत्मा स्पष्ट नहीं होती।
कुछ आत्माएँ आघात में छिपती हैं, कुछ परंपरा में।

पहचान निकटता से आती है, जल्दबाजी से नहीं।
प्रार्थना और उपवास इसे तेज करते हैं।
यदि आप बिना समझे कार्य करते हैं, तो आप अंधेरे में लड़ते हैं।
यीशु ने वही किया जो उन्होंने पिता से देखा (यूहन्ना 5:19)।

पहचान के बिना सामना लोगों को चोट पहुँचा सकता है।
किसी को "ग्रस्त" कहना जबकि वह केवल आहत है, यह गलत है।
ऐसी गलती घाव छोड़ती है।
सच्ची सेवा सम्मान को बनाए रखती है।

इसलिए बोलने से पहले पहचान करो।
स्वर्ग प्रकट करता है; नरक प्रतिक्रिया देता है।
परमेश्वर की आवाज सुनो, फिर कार्य करो।

प्रश्न 4: नियंत्रण (manipulation) आत्मिक अधिकार की नकली रूप क्यों है?

क्योंकि सच्चा अधिकार स्वतंत्र करता है; नियंत्रण बांधता है।
1 पतरस 5:2–3 कहता है, "झुंड की देखभाल करो... दबाव से नहीं... और उन पर प्रभुता न करो।"
नियंत्रण डर और दोष का उपयोग करता है।
यह शक्ति जैसा दिखता है, लेकिन उसमें ज़हर होता है।

एक नियंत्रक सेवक लोगों को भावनाओं के द्वारा चलाता है, न कि सच्चाई से।
यह छिपा हुआ जादू है।
गलातियों 5:20 में "टोना-टोटका" भी शरीर के कामों में गिना गया है—यह हमेशा दवाइयाँ नहीं, बल्कि नियंत्रण भी हो सकता है।

नियंत्रण पवित्र आत्मा को रोकता है।
पवित्र आत्मा धीरे-धीरे मार्गदर्शन करता है; नियंत्रण दबाव डालता है।
पवित्र आत्मा समझाता है; नियंत्रण दोषी ठहराता है।

एक पुनर्स्थापित करता है; दूसरा बांधता है।

नियंत्रण के अधीन लोग अपनी पहचान खो देते हैं।
वे परमेश्वर को खुश करने के बजाय मनुष्यों को खुश करने लगते हैं।
यीशु ने ऐसे नेताओं के बारे में कहा जो "भारी बोझ लोगों पर डालते हैं" (मत्ती 23:4)।

इसलिए नियंत्रण सच्चे अधिकार की सबसे बड़ी नकली है।
सच्चा नेतृत्व प्रकाश से चलता है; झूठा नेतृत्व दबाव से।
जितना आप लोगों को मजबूर करेंगे, उतना कम आप उन्हें मुक्त करेंगे।

प्रश्न 5: छुटकारा चेलापन (discipleship) की जगह क्यों नहीं ले सकता?

क्योंकि बिना प्रशिक्षण के स्वतंत्रता टिकती नहीं।
छुटकारा जंजीर तोड़ता है, लेकिन चेलापन चरित्र बनाता है।
यीशु ने केवल दुष्ट आत्माएँ नहीं निकालीं—उन्होंने सत्य भी सिखाया।
यूहन्ना 8:31–32 कहता है, "यदि तुम मेरे वचन में बने रहो... तो सत्य तुम्हें स्वतंत्र करेगा।"
सत्य उस स्वतंत्रता को बनाए रखता है जिसे शक्ति शुरू करती है।

बहुत लोग छुटकारा चाहते हैं, लेकिन अनुशासन नहीं।
वे स्वतंत्रता चाहते हैं, लेकिन बदलाव नहीं।
शैतान अनुभव से नहीं डरता; वह निरंतरता से डरता है।
चेला हर दिन अपने आप को त्यागता है; केवल छुटकारा चाहने वाला थोड़ी देर के लिए विरोध करता है।

छुटकारा अनुभव बदलता है; चेलापन जीवन बदलता है।
जब यीशु ने व्यभिचार में पकड़ी गई स्त्री को छोड़ा, तो कहा, "जाओ और फिर पाप मत करना" (यूहन्ना 8:11)।
यह चेलापन था—नई पहचान के साथ नया जीवन।

प्रारंभिक कलीसिया ने दोनों को साथ रखा।
प्रेरितों के काम 2:42 में लोग शिक्षा और संगति में बने रहे।
छुटकारा प्रशिक्षण में बदल गया।

जो कलीसिया केवल आत्माएँ निकालती है लेकिन चेलों को नहीं बनाती, वह बार-बार बंधन में गिरती है।

इसलिए छुटकारे पर मत रुकिए।
लक्ष्य खाली लोग नहीं—सिखाए हुए लोग हैं।
शक्ति के बाद शिक्षा ही भविष्य बनाती है।

प्रश्न 6: जब लोग केवल प्रकट होने (manifestations) के पीछे भागते हैं, तो उसमें क्या खतरे हैं?

क्योंकि प्रकट होने के प्रति आकर्षण धोखे को जन्म देता है।
मत्ती 12:39 में यीशु ने कहा, "यह दुष्ट और व्यभिचारी पीढ़ी चिन्ह मांगती है।"
चिन्ह विश्वासियों के पीछे आने चाहिए, न कि विश्वासी चिन्हों के पीछे।
जब लोग अनुभवों के पीछे भागते हैं, तो वे नकली चीजों के लिए दरवाजे खोल देते हैं।
शैतान आग की नकल कर सकता है, लेकिन फल की नहीं।

प्रकट होना केवल परिणाम है, मुख्य उद्देश्य नहीं।
वे पुष्टि करते हैं, परिभाषित नहीं करते।
जब लोग हर हलचल को अभिषेक समझने लगते हैं, तो वे उत्तेजना के आदी हो जाते हैं।
पवित्र आत्मा एक अनुभव के बजाय मनोरंजन बन जाता है।

प्रकट होने के पीछे भागना लोगों को परिपक्वता से भी दूर कर देता है।
वे अद्भुत चीजें चाहते हैं, लेकिन पवित्र जीवन से बचते हैं।
वे भूल जाते हैं कि आत्मा का फल—प्रेम, आनंद, शांति—शक्ति के दिखावे से बड़ा है।
मत्ती 7:22 में लोग कहते हैं, "हे प्रभु, क्या हमने तेरे नाम से दुष्ट आत्माएँ नहीं निकाली?"
फिर भी यीशु कहते हैं, "मैं तुम्हें नहीं जानता।"

उनके पास कार्य था, लेकिन संबंध नहीं।

शैतान चिल्लाने से नहीं डरता; वह समर्पण से डरता है।
वह नकली प्रकट होने भी दे सकता है ताकि लोग भटक जाएँ।
यदि आप केवल अनुभवों के पीछे भागेंगे, तो आप धोखे में पड़ेंगे।

इसलिए उपस्थिति (Presence) का पीछा करो, प्रदर्शन का नहीं।
चिन्ह अपने आप आएँगे, लेकिन उन्हें लक्ष्य मत बनाओ।
सच्ची जागृति पवित्रता लाती है, केवल उत्साह नहीं।

प्रश्न 7: हमें दुष्ट आत्माओं को प्रसिद्ध क्यों नहीं बनाना चाहिए?

क्योंकि जिस चीज़ पर आप ध्यान देते हैं, वही बढ़ती है।
भजन संहिता 34:3 कहता है, "आओ, हम यहोवा को बड़ा करें।"
जब छुटकारा सभाएँ दुष्ट आत्माओं के नाम और बातों पर केंद्रित हो जाती हैं, तो ध्यान मसीह से हटकर अराजकता पर चला जाता है।
शैतान हार में भी पहचान चाहता है।

यीशु हमेशा दुष्ट आत्माओं को चुप कराते थे।
लूका 4:41 कहता है कि "उन्होंने उन्हें बोलने नहीं दिया।"
उन्होंने उन्हें मंच नहीं दिया।
वे चाहते थे कि लोग मुक्त करने वाले को जानें, न कि समस्या को।

दुष्ट आत्माओं को प्रसिद्ध करना विद्रोह को बढ़ावा देता है।
लोग यीशु के बजाय प्रकट होने की बात करते हैं।
इससे विश्वासियों में डर और अविश्वासियों में जिज्ञासा बढ़ती है।
छुटकारा परमेश्वर की महिमा दिखाने के लिए है, नरक का प्रचार करने के लिए नहीं।

जब आप लगातार दुष्ट बातों पर ध्यान देते हैं, तो आप दबाव का वातावरण बनाते हैं।
जानकारी होना बुद्धिमानी है; लेकिन उसमें फंस जाना गलत है।
लक्ष्य दुष्ट आत्माओं को समझना नहीं—यीशु को गहराई से जानना है।

इसलिए नरक को मुख्य विषय मत बनाओ।
अपना ध्यान ऊपर रखो।
दुष्ट आत्माएँ पहचान से नहीं, अनदेखी से डरती हैं—उन्हें चुप कराओ और यीशु को ऊँचा उठाओ।

प्रश्न 8: सेवा में पुरुष और महिलाओं को व्यवस्था और शुद्धता में क्यों काम करना चाहिए?

क्योंकि बिना चरित्र के अधिकार दुरुपयोग बन जाता है।
छुटकारा संवेदनशील होता है—लोग रोते हैं, काँपते हैं और अपने जीवन की बातें बताते हैं।
यदि शुद्धता और व्यवस्था न हो, तो आत्मिक कार्य गलत दिशा में जा सकता है।
1 थिस्सलुनीकियों 5:22 कहता है, "हर प्रकार की बुराई से दूर रहो।"
यहाँ तक कि दिखावट भी महत्वपूर्ण है।

जहाँ संभव हो, पुरुष पुरुषों की सेवा करें और महिलाएँ महिलाओं की।
या कम से कम पारदर्शिता और जवाबदेही होनी चाहिए।
पौलुस ने तीमुथियुस से कहा, "युवतियों को पूरी पवित्रता के साथ बहनों के समान समझो" (1 तीमुथियुस 5:2)।
लापरवाही से किया गया छुटकारा आरोप और परीक्षा दोनों ला सकता है।

व्यवस्था अभिषेक की रक्षा करती है।
भावनात्मक समय में सीमाएँ टूट सकती हैं, और शैतान इसका उपयोग कर सकता है।
यीशु ने भी कुछ कार्य गवाहों के सामने किए।
गोपनीयता हो सकती है, लेकिन अनुशासन जरूरी है।

चरित्र परमेश्वर की स्वीकृति को बनाए रखता है।
वरदान भीड़ को खींचता है, लेकिन चरित्र विश्वास बनाए रखता है।
एक गलती कई वर्षों की सेवा को नष्ट कर सकती है।

इसलिए व्यवस्था में सेवा करो—सही टीम, सही सीमाएँ, और जवाबदेही के साथ।
अनुशासन के बिना छुटकारा खतरा बन सकता है।
शुद्धता ही शक्ति का प्रमाण है।

प्रश्न 9: शांत रहकर अधिकार में काम करना चिल्लाने से अधिक प्रभावी क्यों है?

क्योंकि अधिकार भावना नहीं—स्थिति है।
यीशु ने तूफान और दुष्ट आत्माओं को साधारण शब्दों से शांत किया।
मरकुस 4:39 में उन्होंने कहा, “शांत हो जा,” न कि बार-बार चिल्लाया।
जितना हम चिल्लाते हैं, उतना हम अपने संदेह को दिखाते हैं।
विश्वास एक बार बोलता है और स्थिर रहता है।

शोर स्वर्ग को नहीं हिलाता; विश्वास हिलाता है।
एलिय्याह ने परमेश्वर को आँधी या भूकंप में नहीं, बल्कि धीमी आवाज में सुना (1 राजा 19:12)।
यही सच्चे अधिकार की पहचान है—शांत विश्वास।
दुष्ट आत्माएँ इस स्थिरता को पहचानती हैं।

चिल्लाना कई बार असुरक्षा दिखाता है।
जब आपको पता होता है कि आपके पीछे कौन है, तो आप प्रदर्शन नहीं करते—आप घोषणा करते हैं।
सूबेदार ने कहा, “केवल वचन कह, तो मेरा दास चंगा हो जाएगा” (मत्ती 8:8)।
शांत शब्द डर से भरे शोर से अधिक प्रभावी होते हैं।

शांत अधिकार आपकी ऊर्जा को भी बचाता है।
छुटकारा आपको थकाना नहीं चाहिए—यह परमेश्वर की अभिव्यक्ति होना चाहिए।
यीशु कभी थके नहीं, क्योंकि वे विश्राम से काम करते थे।

इसलिए शांति से शक्ति छोड़ना सीखो।
विश्वास के साथ आदेश दो, घबराहट के साथ नहीं।

नरक शांत विश्वासियों को जल्दी मानता है, न कि घबराए हुए लोगों को। विश्राम सच्चे ज्ञान का प्रमाण है।

प्रश्न 10: निजी प्रार्थना सार्वजनिक दिखावे से अधिक प्रभावी क्यों है?

क्योंकि निजी प्रार्थना जड़ें बनाती है; सार्वजनिक दिखावा केवल ऊपर की वृद्धि दिखाता है।
यीशु ने कहा, "जब तू प्रार्थना करे, तो अपने कमरे में जा... और तेरा पिता जो गुप्त में देखता है, तुझे प्रतिफल देगा" (मत्ती 6:6)।
छुटकारे की शक्ति गुप्त स्थान में जन्म लेती है।
सार्वजनिक शक्ति निजी पवित्रता का परिणाम है।

सार्वजनिक दिखावा तालियाँ लाता है, लेकिन अधिकार नहीं।
सकुवा के पुत्रों ने सार्वजनिक रूप से चिल्लाया, लेकिन उनके पास निजी जीवन में आधार नहीं था।
यीशु अक्सर एकांत में प्रार्थना करते थे (लूका 5:16)।
गुप्त स्थान आपकी आत्मा को मजबूत करता है; दिखावा उसे कमजोर करता है।

निजी प्रार्थना आपकी समझ को तेज करती है।
आप कम बोलते हैं, लेकिन सही बोलते हैं।
पवित्र आत्मा उन लोगों को मार्गदर्शन देता है जो शांत समय में उसके साथ रहते हैं।
जितनी मजबूत आपकी निजी प्रार्थना होगी, उतनी कम समस्याएँ सामने आएँगी।

दिखावा भ्रम लाता है; निकटता दिशा देती है।
सच्ची शक्ति को मंच नहीं—समर्पण चाहिए।
जब स्वर्ग आपके गुप्त जीवन को जानता है, तब नरक आपके सार्वजनिक शब्दों को मानता है।

इसलिए जो दिखाई नहीं देता, उसे प्राथमिकता दो।
सार्वजनिक जीतें निजी जीवन में जीती जाती हैं।

जब प्रार्थना आदत बनती है, तो शक्ति स्वाभाविक बन जाती है।

10

अंत-समय का युद्ध और विजयी कलीसिया

प्रश्न 1: अंतिम दिनों में छुटकारे की सेवा क्यों बढ़ रही है?

क्योंकि अंधकार बढ़ रहा है, और परमेश्वर उसका संतुलन और अधिक ज्योति से कर रहा है।
यशायाह 60:2 भविष्यवाणी करता है, “देख, पृथ्वी पर अन्धियारा और राज्य-राज्य के लोगों पर घोर अन्धकार छाया हुआ है; परन्तु तेरे ऊपर यहोवा उदय होगा।”
जैसे-जैसे दुष्ट आत्मिक प्रभाव मीडिया, संस्कृति और धोखे के द्वारा बढ़ रहा है, वैसे-वैसे स्वर्ग ऐसे लोगों की सेना खड़ी कर रहा है जो मसीह की ज्योति लेकर चलते हैं।

छुटकारा कोई पुरानी बात नहीं है—यह अंतिम दिनों की आवश्यक सेवा है।

दुनिया अदृश्य जंजीरों में डूबी हुई है: चिंता, लत, गुप्त विद्याएँ, पहचान का भ्रम।
ये केवल मानसिक समस्याएँ नहीं हैं; ये आत्मिक आक्रमण हैं।
छुटकारा उस युग के लिए परमेश्वर का उत्तर है जो अपनी आत्मिक बीमारी को पहचानना ही भूल गया है।

यीशु ने मत्ती 24:24 में इस समय का वर्णन पहले ही किया था:
"झूठे मसीह और झूठे भविष्यद्वक्ता उठ खड़े होंगे और बड़े चिन्ह और अद्भुत काम दिखाएँगे, ताकि हो सके तो चुनों को भी भरमा दें।"
जैसे-जैसे धोखा बढ़ेगा, वैसे-वैसे पहचान और विवेक उससे भी अधिक बढ़ना चाहिए।
कलीसिया अब लापरवाह मसीही जीवन का खर्च नहीं उठा सकती; अब उदासीनता की जगह अधिकार को आना होगा।

छुटकारे की बढ़ती हुई सेवा यह प्रमाण है कि पवित्र आत्मा अपनी अंतिम कटनी को और तेज कर रहा है।
मसीह के लौटने से पहले दुल्हन को निर्मल होना है—और छुटकारा स्वर्ग का धोबीघर है।
पवित्र आत्मा कलीसिया को छिपे हुए दुष्ट आत्मिक संबंधों से शुद्ध कर रहा है ताकि वह अपने दूल्हे के सामने तेजस्वी होकर खड़ी हो सके।

इसलिए छुटकारे का बढ़ना अराजकता नहीं—सही समायोजन है।
परमेश्वर अपनी कलीसिया को फिर से प्रेरितिक शुद्धता में ला रहा है, ऐसे सैनिक तैयार कर रहा है जो अंधकार में जाकर उसे झुका दें।

प्रश्न 2: कलीसिया पृथ्वी पर स्वर्ग की सेना का प्रतिनिधित्व कैसे करती है?

क्योंकि कलीसिया कोई दर्शक-समूह नहीं—वह एक सेना है।
यीशु ने कहा, "मैं अपनी कलीसिया बनाऊँगा, और अधोलोक के फाटक उस पर प्रबल न होंगे" (मत्ती 16:18)।
फाटक हमला नहीं करते; वे रक्षा करते हैं।
इसका अर्थ है कि कलीसिया बचाव में नहीं, बल्कि आगे बढ़ने की स्थिति

में है।
हम नरक के हमले का इंतज़ार नहीं करते—हम उसके क्षेत्र में प्रवेश करते हैं।

स्वर्ग की सेना तलवारों से नहीं, बल्कि अधीनता से युद्ध करती है। इफिसियों 6:11–12 विश्वासियों को "परमेश्वर के सारे हथियार बाँधने" के लिए बुलाता है।
कमरबंद से लेकर तलवार तक हर भाग आत्मिक है।
सैनिक कवच आराम के लिए नहीं, सामना करने के लिए पहनते हैं।
कलीसिया का युद्ध केवल प्रतिक्रिया नहीं—उद्धार और पुनर्स्थापना का युद्ध है।

अधिकार हमारी वर्दी है, एकता हमारी व्यवस्था है, और पवित्रता हमारी रणनीति है।
जब कलीसिया पवित्रता और एकता में चलती है, तब उसकी प्रार्थना अत्यंत शक्तिशाली हो जाती है।
प्रेरितों के काम 4:31 कहता है, "जब उन्होंने प्रार्थना की, तो वह स्थान जहाँ वे इकट्ठे थे हिल उठा।"
एक ही कमरे में एक मन से प्रार्थना करते हुए विश्वासियों ने यरूशलेम के ऊपर की आत्मिक शक्तियों को हिला दिया।

कलीसिया केवल लोगों की सभा नहीं; वह स्वर्ग का द्वार है।
स्वर्गदूत उसकी आराधना का उत्तर देते हैं, और दुष्ट आत्माएँ उसकी मध्यस्थता से भागती हैं।
जब विश्वासी मिलकर यीशु के नाम की घोषणा करते हैं, तो आत्मिक नक्शा बदलने लगता है।

इसलिए कलीसिया स्वर्ग की सेना का प्रतिनिधित्व इस प्रकार करती है कि वह उसी व्यवस्था को धारण करती है:
मसीह कप्तान है, पवित्र आत्मा सेनापति है, और हर विश्वासी दया और अधिकार का सैनिक है।
हम विजय के लिए नहीं लड़ते—हम उस विजय को लागू करते हैं जो पहले ही जीती जा चुकी है।

प्रश्न 3: धोखे की आत्मा शैतान का अंतिम दिनों का मुख्य हथियार क्यों है?

क्योंकि धोखा एक सूक्ष्म शक्ति है—वह बाँधते समय अंधा भी कर देता है।

1 तीमुथियुस 4:1 चेतावनी देता है, "अंत के दिनों में कितने ही लोग भरमाने वाली आत्माओं की बातों पर ध्यान देकर विश्वास से भटक जाएँगे।"

शैतान जानता है कि जो विश्वासी सत्य में चलते हैं उन्हें वह आसानी से नष्ट नहीं कर सकता, इसलिए वह झूठ को प्रकाश जैसा बनाकर पेश करता है।

वह अपनी चाल नहीं बदलता; वह केवल उसका रूप बदलता है।

धोखा परमेश्वर का इन्कार नहीं करता; वह उसे बिगाड़ देता है।

वह आधा सत्य देता है और उसे भावना में लपेट देता है।

इसी प्रकार हव्वा गिरी—उसने संदर्भ से बाहर एक बात को मान लिया।

अंतिम दिनों में धोखा इसलिए बढ़ेगा क्योंकि मनुष्य पवित्रशास्त्र से अधिक अनुभव को, आज्ञाकारिता से अधिक राय को, और विश्वास से अधिक आराम को चुनेंगे।

सामाजिक मंच झूठे शिक्षकों को और अधिक बढ़ावा देंगे।

इंद्रियसुख को आत्मिकता जैसा प्रस्तुत किया जाएगा।

शैतान भावनाओं को झूठी भविष्यवाणी की तरह उपयोग करेगा।

यीशु ने कहा कि चुने हुए लोग भी भरमाए जा सकते हैं (मत्ती 24:24)।

इसीलिए पहचान और विवेक इस युग का सबसे दुर्लभ और सबसे बहुमूल्य वरदान होगा।

धोखा पहले अहंकार को सहलाता है, फिर आत्मा को बाँधता है।

वह कहता है, "तू ठीक है," जबकि धीरे-धीरे सत्य से आपका संबंध काट देता है।

उसका एकमात्र इलाज है—वचन में बने रहना।

सत्य को भावना से भी गहरा आपके भीतर रहना होगा।

इसलिए अंतिम दिनों का विश्वासी हर संदेश को इस प्रश्न से परखे:
"क्या यह मसीह को महिमा देता है या स्वयं को?
क्या यह पवित्रशास्त्र से मेल खाता है या पाप को आराम देता है?"
अंतिम दिनों का युद्ध तलवारों से नहीं, बल्कि विवेक और पहचान से लड़ा जाएगा।

प्रश्न 4: अंतिम दिनों के युद्ध में आराधना हथियार कैसे बनती है?

क्योंकि आराधना समर्पण की ध्वनि है—और नरक समर्पित हृदयों से डरता है।
जब यहोशापात की सेना ने आराधना की, "यहोवा ने उनके शत्रुओं के विरुद्ध घात लगाई" (2 इतिहास 20:22)।
अंतिम दिनों में आराधना केवल संगीत नहीं रहेगी; वह युद्ध का साधन बन जाएगी।
गीत तलवार बन जाएँगे।

आराधना उपस्थिति को बुलाती है, और उपस्थिति अंधकार की शक्ति को हटाती है।
दुष्ट आत्माएँ वहाँ नहीं रह सकतीं जहाँ परमेश्वर विराजमान होता है।
भजन संहिता 22:3 कहता है कि वह "इस्राएल की स्तुतियों पर विराजमान है।"
हर सच्ची आराधना स्वर्गीय सिंहासन को पृथ्वी पर लाती है—परमेश्वर का शासन मनुष्य के स्थान में प्रवेश करता है।

प्रकाशितवाक्य 5 में न्याय निकलने से पहले आराधना सिंहासन के चारों ओर होती है।
यह हमें दिखाता है कि पृथ्वी को हिलाने से पहले परमेश्वर कलीसिया को सुर में लाता है।
आराधना विश्वासियों को ईश्वरीय चाल में ले आती है ताकि स्वर्ग उनके वचनों के द्वारा न्याय और व्यवस्था को लागू कर सके।

आराधना भय को भी तोड़ देती है।
अराजकता के बीच गाती हुई कलीसिया नरक को याद दिलाती है कि आनंद अब भी राज्य कर रहा है।
जितनी अधिक रात अंधेरी होगी, उतना ही अधिक दुल्हन को गाना होगा।
अंतिम दिनों की आराधना मनोरंजन नहीं—हर क्षेत्र में परमेश्वर के शासन की घोषणा है।

इसलिए अपने हाथ केवल एक भावनात्मक संकेत के रूप में मत उठाओ—उन्हें युद्ध के रूप में उठाओ।
हर हल्लेलूयाह विश्वास की एक गोली है।
अंतिम युद्ध चिल्लाती हुई सेनाओं से नहीं, बल्कि आराधना करते हुए पवित्र लोगों से शुरू होगा।

प्रश्न 5: अंत-समय के युद्ध में मध्यस्थता (intercession) की क्या भूमिका है?

मध्यस्थता पृथ्वी पर स्वर्ग का सूचना-जाल है।
परमेश्वर पहले प्रकट करता है, फिर कार्य करता है।
आमोस 3:7 कहता है, “निश्चय प्रभु यहोवा अपना भेद अपने दास भविष्यद्वक्ताओं पर प्रगट किए बिना कुछ नहीं करता।”
मध्यस्थ लोग परमेश्वर की प्रारंभिक चेतावनी प्रणाली होते हैं।
वे तूफान बनने से पहले उसे महसूस कर लेते हैं।

यहेजकेल 22:30 में परमेश्वर ने कहा, “मैं ऐसा मनुष्य ढूँढ़ता था जो बाड़े को खड़ा करे और मेरे सामने देश के लिये खाई में खड़ा हो।”
वह “खाई” आज भी है—राष्ट्रों और विनाश के बीच।
हर प्रार्थना-सभा आत्मिक सुरक्षा-दीवार बन जाती है जो न्याय को रोकती है और दया को बुलाती है।
अंतिम दिनों का युद्ध मंचों पर नहीं, घुटनों पर जीता जाएगा।

मध्यस्थता कलीसिया को जागरूक रखती है।
यीशु ने कहा, “जागते और प्रार्थना करते रहो, ताकि परीक्षा में न पड़ो”

(मत्ती 26:41)।
जागना आत्मिक समझ है; प्रार्थना उसका रणनीतिक उत्तर है।
मध्यस्थता केवल प्रार्थना नहीं—यह स्वर्ग की सेना के साथ साझेदारी है।

जैसे रडार पायलट को दिशा देता है, वैसे ही पवित्र आत्मा मध्यस्थों को बोझ देकर आत्मिक दृश्य देता है।
आहें, अन्यभाषाएँ, और आँसू स्वर्ग की भाषा में भेजे गए संकेत हैं।
रोमियों 8:26–27 बताता है कि जब शब्द नहीं होते, तब आत्मा हमारे द्वारा प्रार्थना करता है।
जब कलीसिया कराहती है, तो राष्ट्र बदलते हैं।

इसलिए मध्यस्थता वह मार्ग है जिससे स्वर्ग पृथ्वी पर शांति से शासन करता है।
अंतिम दिनों की कलीसिया केवल सामर्थ से प्रचार नहीं करेगी; वह आँसुओं के साथ युद्ध भी करेगी।
गुप्त स्थान में की गई हर धीमी प्रार्थना इतिहास की सुर्खियों में गूँजेगी।

प्रश्न 6: पवित्रता को फिर से कलीसिया के केंद्र में क्यों आना चाहिए?

क्योंकि पवित्रता के बिना शक्ति प्रदूषण बन जाती है।
इब्रानियों 12:14 कहता है, "सबके साथ मेल-मिलाप और उस पवित्रता का पीछा करो जिसके बिना कोई प्रभु को न देखेगा।"
अंतिम दिनों की जागृति भीड़ से नहीं, बल्कि समर्पण और अलग किए हुए जीवन से पहचानी जाएगी।
परमेश्वर अपने विवाह से पहले अपनी दुल्हन को शुद्ध कर रहा है।

पवित्रता विधिवाद नहीं—निष्ठा है।
यह कहना है, "मैं पूरी तरह उसी का हूँ।"
जब कलीसिया संसार के साथ मेल-जोल में ढीली हो जाती है, तब दुष्ट आत्माओं को प्रवेश मिलता है।
शुद्धता आत्मिक अधिकार को सील कर देती है।
जो पात्र साफ होता है, वह अधिक प्रवाह ले जाता है।

अंत-समय का युद्ध आकर्षक व्यक्तित्वों से नहीं, बल्कि क्रूस उठाए हुए लोगों से जीता जाएगा।
शिमशोन की शक्ति समझौते के बाद चली गई।
बहुतों के पास वरदान हैं, लेकिन पहरा नहीं है; पवित्रता दोनों को फिर से लौटा देती है।
पवित्र आत्मा नेताओं को मंचों की ओर नहीं, वेदियों की ओर बुला रहा है।

पवित्रता स्पष्टता भी लाती है।
पाप विवेक को धुंधला कर देता है।
जब हृदय शुद्ध होता है, तो परमेश्वर की आवाज़ स्पष्ट हो जाती है।
मत्ती 5:8 कहता है, "धन्य हैं वे जिनके मन शुद्ध हैं, क्योंकि वे परमेश्वर को देखेंगे।"
अंतिम दिनों में स्पष्ट देखना ही बचना है।

इसलिए पवित्रता कोई विकल्प नहीं—यह कवच है।
शुद्ध हृदय वाला विश्वासी पकड़ में नहीं आता।
जब दूसरे लोग धोखे में गिरेंगे, तब पवित्र लोग अडिग खड़े रहेंगे।
शुद्ध दुल्हन दूषित संसार में भी आग के साथ चमकेगी।

प्रश्न 7: यीशु का लहू अंत-समय की कलीसिया की रक्षा कैसे करता है?

क्योंकि वह केवल क्षमा नहीं—सुरक्षा भी है।
प्रकाशितवाक्य 12:11 कहता है, "वे मेम्ने के लहू के कारण उस पर जयवन्त हुए।"
लहू स्वर्ग की सुरक्षा-दीवार है, जो परमेश्वर के वाचा-जन को न्याय से अलग करती है।
निर्गमन 12 में फाटकों पर लगा फसह का लहू मृत्यु को भी रोक देता था।
वही लहू अब हृदयों को चिह्नित और सुरक्षित करता है।

शैतान के पास उन्नत साधन, धोखा और प्रभाव हो सकता है—लेकिन वह लहू की सीमा को पार नहीं कर सकता।
लहू केवल प्रतीक नहीं—यह कानूनी सत्य है।

यह स्वामित्व को घोषित करता है।
जब नरक लहू को देखता है, तो वह पहचान लेता है:
“यह व्यक्ति मसीह का है।”

लहू मध्यस्थता को भी साहस देता है।
इब्रानियों 10:19 कहता है, “यीशु के लहू के कारण हमें पवित्र स्थान में प्रवेश करने का साहस है।”
अंतिम दिनों के विश्वासी दुष्ट आत्मिक अंधकार के बीच भी निडर निकटता में चलेंगे, क्योंकि लहू उन्हें वहाँ पहुँचने का अधिकार देता है जहाँ स्वर्गदूत भी आदर में खड़े रहते हैं।

लहू आज भी बोलता है (इब्रानियों 12:24)।
हर आरोप, हर शाप, हर दुष्ट आत्मिक दावा उसके स्वर से शांत हो जाता है।
लहू समय के साथ पुराना नहीं होता—वह सदा ताज़ा है।

इसलिए महामारी, टोना-टोटका और भय के इस युग में लहू की घोषणा रोज़ करो—अंधविश्वास से नहीं, बल्कि इस सत्य के साथ:
“मैं ढका हुआ हूँ, खरीदा गया हूँ, और सुरक्षित रखा गया हूँ।”
लहू आपका चिन्ह, आपकी सीमा और आपका साहस है।

प्रश्न 8: कलीसिया के विरुद्ध शैतान की अंतिम रणनीति क्या है?

वह सीधा सताव नहीं—बल्कि प्रदूषण है।
शैतान ने सीख लिया कि मसीहियों को मारने से वे और बढ़ते हैं, लेकिन उन्हें भ्रष्ट करने से वे निष्क्रिय हो जाते हैं।
उसकी अंतिम रणनीति समझौते के द्वारा भीतर घुसना है।
वह चाहता है कि कलीसिया इतनी दुनियावी हो जाए कि समाज उसे स्वीकार कर ले, लेकिन इतनी कमजोर भी हो जाए कि उसमें प्रभाव न रहे।

प्रकाशितवाक्य 2–3 इसका नमूना दिखाता है:
पिरगामुन में झूठी शिक्षा, थुआतीरा में लैंगिक पाप, और लाओदिकिया

में गुनगुनापन।

शैतान का हथियार हमेशा दुष्ट आत्माओं का खुला प्रदर्शन नहीं होता—कई बार वह मिलावट होता है।

जब नमक अपना स्वाद खो देता है, तो अंधकार को लड़ने की भी जरूरत नहीं रहती।

वह पहले शिक्षा पर हमला करेगा, पवित्रशास्त्र को संस्कृति के अनुसार मोड़ देगा।

फिर वह नैतिकता पर हमला करेगा, पाप को संवेदनशीलता या आधुनिकता का नाम देगा।

अंत में वह धैर्य पर हमला करेगा—लोगों को ध्यान-भंग और ठेस के द्वारा थका देगा।

मत्ती 24:12 कहता है, "अधर्म के बढ़ने से बहुतों का प्रेम ठंडा पड़ जाएगा।"

लेकिन एक शेष लोग उठेंगे—जलते हुए, शुद्ध, और बिना समझौते के।

वे बहस से नहीं, बल्कि सच्चाई से जीतेंगे।

सत्य के लिए उनका प्रेम ही उनकी सुरक्षा बन जाएगा।

इसलिए शैतान की अंतिम चाल होगी—पश्चाताप की जगह आराम, और सच्चाई की जगह सुविधा।

लेकिन जो जागते रहेंगे, आत्मा से भरे रहेंगे और वचन में जड़े रहेंगे, वे अंधकार बढ़ने पर और अधिक चमकेंगे।

प्रश्न 9: यीशु के लौटने से पहले विजयी कलीसिया कैसी दिखाई देगी?

वह लंगड़ाती हुई नहीं—गरजती हुई दिखाई देगी।

इफिसियों 5:27 उसे "ऐसी तेजस्वी कलीसिया" कहता है "जिसमें न दाग हो न झुर्री।"

प्रकाशितवाक्य 19 में कलीसिया की अंतिम तस्वीर टूटे हुए लोगों की नहीं, बल्कि श्वेत वस्त्र पहने विवाह के लिए तैयार दुल्हन की है।

कलीसिया पिन्तेकुस्त में आग से शुरू हुई थी; पेरूसिया से पहले वह और अधिक आग में दिखाई देगी।

यह कलीसिया प्रेरितिक सामर्थ और बालक जैसी शुद्धता में चलेगी। चमत्कार फिर से सामान्य हो जाएँगे, लेकिन तमाशे के रूप में नहीं—सेवा के रूप में।
चिन्ह प्रसिद्ध लोगों के पीछे नहीं, बल्कि सेवक-हृदय वालों के पीछे चलेंगे।
दुल्हन ऐसी एकता में काम करेगी जो नरक को उलझा देगी।

वह निडर और विश्वासयोग्य होगी।
जब संसार काँपेगा, तब वह गाएगी।
उसका अधिकार निकटता से उठेगा, उसका साहस टूटे हुए और नम्र हृदय से आएगा, और उसका संदेश प्रकाशन से निकलेगा।
पवित्र आत्मा उसकी रणनीति होगा।

विजयी कलीसिया युद्ध से भागेगी नहीं—वह युद्ध के बीच विजय का स्वरूप होगी।
जितना अधिक बाबुल अंधकारमय होगा, उतना ही अधिक सिय्योन चमकेगा।
हर छुटकारा, हर चंगाई, हर उद्धार आने वाले राजा के राज्य की झलक होगा।

इसलिए यीशु के लौटने से पहले ऐसी कलीसिया की आशा करो जो घायल भी हो और आराधना करती भी हो—आग में तपकर शुद्ध हुई हो, पर महिमा से मण्डित भी हो।
वह केवल अंत-समय से बची हुई नहीं होगी—वह अंत-समय को परिभाषित करेगी।

प्रश्न 10: छुटकारा मसीह के लौटने के लिए दुल्हन को कैसे तैयार करता है?

क्योंकि छुटकारा विवाह से पहले दुल्हन की शुद्धि है।
इफिसियों 5:26–27 कहता है कि मसीह "वचन के द्वारा जल से धोकर

उसे शुद्ध कर रहा है।"
तुरही बजने से पहले पवित्र आत्मा हर उस दाग को हटा रहा है जो समझौते ने छोड़ा है।
दुल्हन को उठाए जाने से पहले शुद्ध होना है।

छुटकारा कलीसिया की आत्मा से अशुद्धियों को हटाता है—वासना, घमंड, ठेस, कड़वाहट, भय।
ये छोटी बातें नहीं हैं; ये आत्मिक परजीवी हैं।
यीशु मिलावट के साथ विवाह नहीं करेगा।
वह ऐसी दुल्हन का अधिकारी है जो उसकी पवित्रता को प्रतिबिंबित करे।

छुटकारा निकटता को भी नया करता है।
जब दुष्ट आत्माएँ जाती हैं, तो उपस्थिति बढ़ती है।
वही पवित्र आत्मा जो अंधकार को निकालता है, वह खाली स्थान को दिव्य प्रेम से भर देता है।
यही दुल्हन की तैयारी है—आत्मिक बाधा के बिना यीशु से प्रेम करना सीखना।

प्रकाशितवाक्य 19:7 में भीड़ पुकारती है, "उसकी पत्नी ने अपने आप को तैयार कर लिया है।"
छुटकारा उसी तैयारी का भाग है।
यह दुल्हन का यह कहना है, "हे परमेश्वर, मुझे जाँच और मेरे मन को जान" (भजन संहिता 139:23)।
स्वतंत्रता सुगंध बन जाती है, पवित्रता सुंदरता बन जाती है।

इसलिए छुटकारा केवल आत्मिक युद्ध नहीं—यह विवाह की तैयारी है।
हर टूटी हुई जंजीर दुल्हन के वस्त्र का एक सुधरा हुआ धागा है।
कलीसिया को बचने के लिए नहीं, बल्कि मिलन के लिए शुद्ध किया जा रहा है।
राजा आ रहा है, और उसकी दुल्हन निष्कलंक, स्वतंत्र और आग से भरी हुई होगी।

निष्कर्ष

छुटकारा कभी केवल वेदी पर समाप्त होने के लिए नहीं था — उसका आरंभ वहीं से होना था।
क्रूस ने केवल आपकी आत्मा का छुटकारा नहीं किया; उसने आपका प्रभुत्व भी लौटा दिया।
जो अधिकार आदम ने बगीचे में खो दिया था, उसे यीशु ने अपने लहू के द्वारा फिर से वापस लिया।
अब हर विश्वासी आत्मिक युद्ध में एक पीड़ित के रूप में नहीं, बल्कि विजय के दूत के रूप में खड़ा है।

जब यीशु ने कहा, "देखो, मैं तुम्हें अधिकार देता हूँ... कि तुम शत्रु की सारी शक्ति पर अधिकार रखो" (लूका 10:19 NKJV), तो वे बढ़ा-चढ़ाकर नहीं बोल रहे थे — वे आपकी पहचान स्थापित कर रहे थे।
अधिकार कोई भावना नहीं है; यह एक स्थिति है, जो लहू के द्वारा सुरक्षित की गई है।
यह हर पुत्र और पुत्री का कानूनी अधिकार है कि वे नरक के विद्रोह पर स्वर्ग का फैसला सुनाएँ।
आपको कभी अंधकार से भागने के लिए नहीं बुलाया गया; आपको इस लिए बुलाया गया कि अंधकार आपसे भागे।

इस पीढ़ी को दुष्ट आत्माओं के बारे में और अधिक डर की आवश्यकता नहीं है — इसे यीशु के बारे में और अधिक प्रकाशन की आवश्यकता है।
छुटकारे की शक्ति ऊँची आवाज से नहीं, बल्कि और अधिक निकट चलने से बहती है।
शैतान उस विश्वासी से काँपता है जो निकटता, पवित्रता और अपनी पहचान को समझता है।
जितना अधिक आप उसकी उपस्थिति को लेकर चलते हैं, उतना ही कम आपको प्रदर्शन करना पड़ता है।

यदि आप इस पुस्तक की बाकी सब बातें भूल भी जाएँ, तो यह एक बात याद रखिए:

छुटकारा इस बात पर नहीं टिका है कि आप कितने मजबूत हैं — यह इस बात पर टिका है कि आप कितने समर्पित हैं।

जो अधिकार शत्रु पर विजय पाता है, वह उसी नम्रता के द्वारा बहता है जो राजा के सामने घुटने टेकती है।

हर बार जब आप परमेश्वर के अधीन होते हैं, नरक अपनी जमीन खोता है।

हर बार जब आप परीक्षा का विरोध करते हैं, आप विजय को और मजबूत करते हैं।

इसलिए उठो, हे विश्वासी।

तुम निर्बल नहीं हो।

तुम लहू से खरीदे गए हो, वचन से भरे हुए हो, आत्मा से सामर्थ पाए हुए हो, और स्वर्ग के समर्थन से खड़े हो।

वही मसीह जिसने अपनी आवाज से दुष्ट आत्माओं को निकाला, अब तुम्हारी आवाज के द्वारा भी उन्हें निकालता है।

इसलिए जाओ — ऐसे व्यक्ति की तरह नहीं जो विजय खोज रहा है, बल्कि ऐसे व्यक्ति की तरह जो विजय को लागू कर रहा है।

जहाँ भी तुम कदम रखो, वह स्थान राज्य के लिए फिर से लिया गया क्षेत्र बन जाए।

युद्ध वास्तविक है, लेकिन विजय पहले ही पूरी हो चुकी है।

उसमें चलो।

उसे बोलो।

उसे जीओ।

और संसार तुम्हारे द्वारा यह देखे — कि यीशु मसीह अब भी राज्य करता है, अब भी छुटकारा देता है, और अब भी अपनी कलीसिया के द्वारा जयवन्त होता है।

आमीन।

Book Of Dr Arvind Ephraim In Hindi

1. चंगायी की प्रक्रिया में आराधना और स्तुति की क्या भूमिका है?: परमेश्वर की चंगाई छूने के लिए आस्थापूर्ण आराधना का निमंत्रण

2. आपके चंगाई को रोकने वाले कुछ कारण क्या हैं?: परमेश्वर के चंगाई को अनुभव करने के लिए बाधाओं को दूर करना

3. आम धारणा और बाइबिलिक उपचार के बारे में भ्रांतियाँ: मिथकों का खंडन और सत्य को अपनाना

4. तेल से अभिषेक करने से चंगाई में क्या भूमिका होती है?

5. शालोम और चंगाई: परमेश्वर की शांति और संपूर्णता को जीवन के हर क्षेत्र में अपनाना

6. हमारा शत्रु कौन है?: दुष्टता की शक्तियों को पहचानना

7. कैसे शैतान हमारे जीवन में धोखे का उपयोग करता है?: शत्रु की रणनीतियों को उजागर करना और परमेश्वर के सत्य में स्थिर रहना

8. शैतान हमारे परमेश्वर पर भरोसे को क्यों निशाना बनाता है?

9. कैसे हमारे आत्मिक शत्रु हम पर हमला करता हैं?: आत्मिक युद्ध को समझें और इसे परास्त करें

10. शैतान हमें कौन–से आम झूठ बोलता है?

11. आप कैसे जान सकते हैं कि स्वास्थ्य से संबंधित कोई बात आध्यात्मिक युद्ध है या नहीं?

12. जब मैं दूसरों के लिए प्रार्थना करता हूँ तो मुझे दुष्टात्मिक सपने और बाधाएँ क्यों मिलती हैं?

13. भविष्यदर्शी मध्यस्थता का अर्थ: भविष्यदर्शी मध्यस्थता की गहराइयों में मार्गदर्शन

14. आत्मिक युद्ध: मसीही मार्गदर्शिका: आत्मिक युद्ध के बारे में और इसे कैसे लड़ें और जीतें।

15.सपनों पर 100 प्रश्न

16. यीशु का लहू: 100 जीवन-परिवर्तनकारी प्रश्नों के उत्तर

17:स्वर्गदूतों, दुष्टात्माओं और आत्मिक अधिकार पर 100 प्रश्नों के उत्तर: परमेश्वर की व्यवस्था, गिरे हुए सामर्थ्यों और मसीह में विश्वासी की स्थिति का बाइबलीय अध्ययन

17. 40 दिन का संपूर्ण बाइबिलीय उपवास मार्गदर्शक

18. स्वर्ग की दिव्य अदालत